『中国vs米国』で漁夫の利を得るのは誰だ?

真壁昭夫［著］

ビジネス教育出版社

目次

第3章 ★米国の後退と中国の台頭……67

第4章 ★今後の米中関係の展開予想……97

第1章

覇権国の歴史

1 なぜ、強国は覇権を目指すか ――覇権国の定義、条件、メリットは?

米国と中国の世界のリーダー=〝覇権国〟をめぐる対立は日に日に熾烈化している。その対立によって、政治・経済・安全保障などの世界情勢は変化していくことだろう。その中で、わが国は、特に経済面でどのような道を歩むことになるのだろう。読者諸氏と一緒に考えてみたい。

現在の覇権国といえばどの国だろうか。もちろんその答えは米国だ。米国のGDPは、世界のGDPのおよそ4分の1に当たる24%だ。日本は6%、ドイツは4%というといかに大きな数字かがわかるだろう。覇権国としての立ち位置を維持するためは、圧倒的な軍事力をも必要だ。米軍はおよそ133万人の兵員を有しており、現代の戦争において最も重要な航空戦力は、世界2位の軍事力を誇るロシアの3倍と言われている。

米国に対して、待ったをかけるように、経済力・軍事力で大きな成長を続ける国が中国だ。GDPは米国に続き世界第2位であり、世界のGDP占有率でも16%と日本の3倍近い規模を有する。2019年の経済成長は鈍化しているとは言え、成長率は6・1%だった。軍拡のスピードはすさまじく、コロナ禍真っ最中に行われた全国人民代表大会では、6・6%増のおよそ19兆2000億円の予算をつけた。まさに、覇権国の地位を脅かさんとする勢いである。

歴史を振り返ると、経済力や軍事力を強めてきた国は、海外への進出などを強化して自国の影響力

世界の名目 GDP に占める主要国のウェイト　データ出所：世界銀行

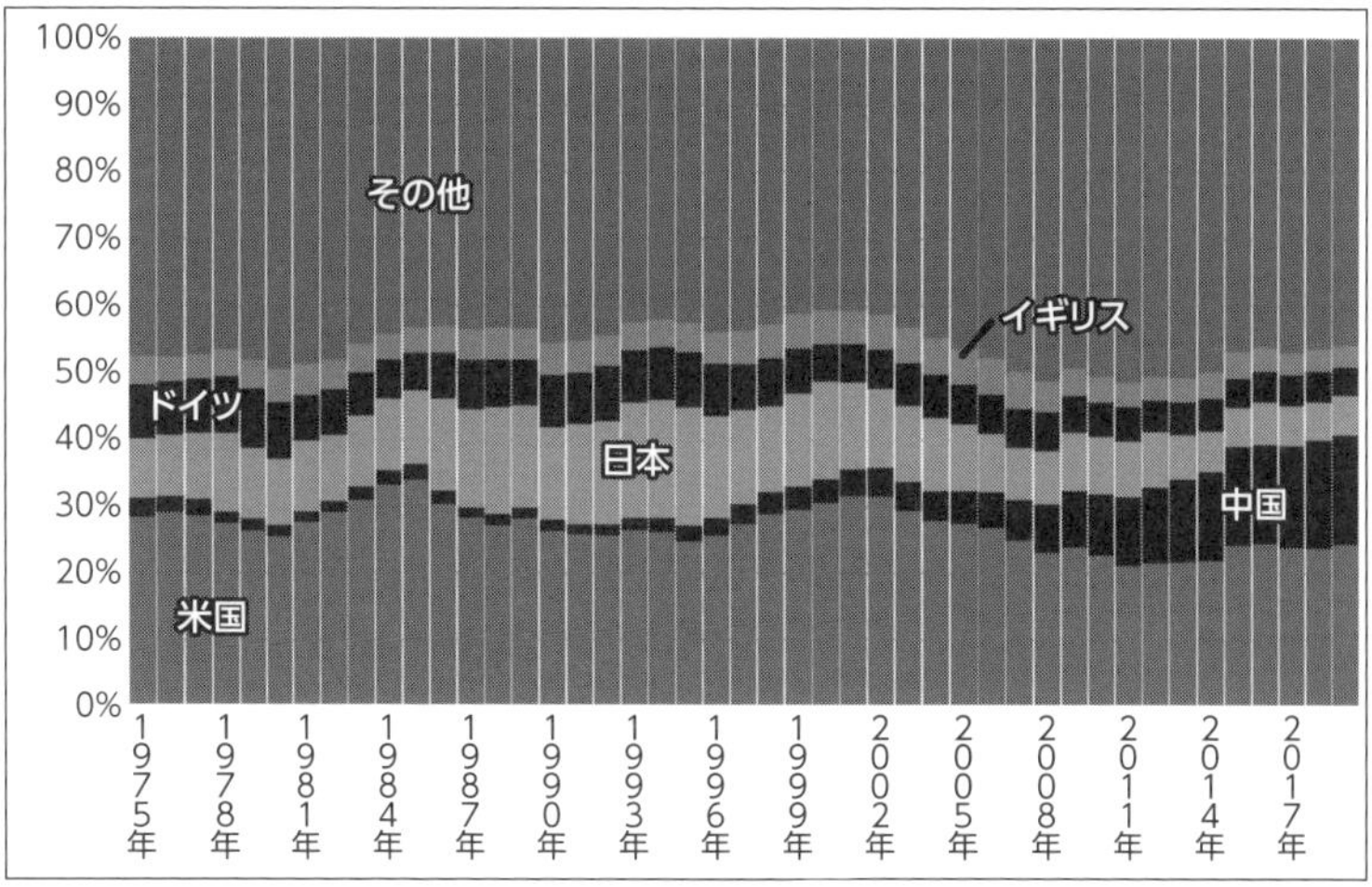

の拡大を目指している。競争に勝ち残った強い国（強国）は、さらなる繁栄と世界のリーダーの座を目指して〝覇権〟をとろうとする。

一見、圧倒的な力を持つ米国だが、2008年のリーマンショックを境に、国際社会における米国のリーダーシップは低下し始めている。

その一方で、中国の存在感が高まっている。リーマンショック後、大規模な経済対策を進めて、成長率を高めた。また、アジアやアフリカ地域に経済支援を呼びかけ、自国を中心とする経済圏の拡大に取り組んでいる。

このまま一気に中国が主導権を握るか？　というと、必ずしもそうとは言えない。2011年の後半以降、中国の経済成長率は鈍化し、国内では不満が高まっている。IT先端分野など一部の分野では競争力は急速に高まっているが、国際通貨制度におけるドルの重要性は依然として高い。湖北省武漢市で新型コロナウイルスが発生し、欧州ではドイツをはじめ親中政策を進めてきた国が中国と距離を取り始めた。アフリカ諸国は、中国が感染対策を進める中でアフリカ系住民を差別したと批判を強めている。その状況を見ていると、本当に中国が世界の覇権国になり得るか疑問符が付く。その問題を考えるにあたって、まずは覇権国の定義、条件、メリットを確認したい。

覇権国の定義

覇権とは、覇者が持つ権力を意味する。政治力、軍事力、経済力など様々な力を用いて他の国を従えた国（強国）は、さらなる権力を求め、世界制覇を目指す。覇権国とは他の国との争いや競争に勝ち残り、トップ・オブ・ザ・ワールドを手に入れた国と定義できる。

覇権国をイメージする際、テレビアニメの〝ドラえもん〟に登場するジャイアンを思い浮かべるとわかりやすいだろう。ガキ大将のジャイアンは、腕力に物を言わせてスネ夫やのび太らに言うことを聞かせて、自分の思うように物事を進めようとする。ジャイアンはスネ夫やのび太が持っている漫画本や玩具を取り上げ、自分で楽しもうとする。スネ夫らが反発すると、ジャイアンは拳を振り上げるなどして従わせる。ジャイアンは自分の縄張りに別のグループのガキ大将が表れると、自分の縄張りを守る。その姿を見た子分は「やっぱりジャイアンは強い。頼りになる」と感心し、従う。

いつの時代にも、そうした人がいる。古代から、人々は農作物、水、領土、鉱物資源などを奪い合った。各地でムラとムラが食料などをめぐって衝突した。争いに勝ったムラは、食料や領土などを手に入れて政治、経済、軍事、文化面で影響力を強め、国家を形成した。強い国のリーダーは、より大きな力の獲得のために領土のさらなる拡大を目指し、他の国と争った。そして最終的に競争に勝ち残った国が世界の覇権国としての地位を手に入れた。

覇権国の条件

ある国が覇権国になるためには多くの条件を満たさなければならない。その中でも最も重要と考えられるのが、基軸通貨を持つことだ。基軸通貨を持たない国は覇権国になれない。今日の世界の基軸通貨は米ドルだ。

基軸通貨としての地位を支える要素は非常に多い。通貨は、その国の代表、象徴である。ある国の通貨が基軸通貨になるためには、まず、国民がその国の通貨の価値を信じなければならない。そのためには、人々が自国政府や中央銀行を信用しなければならない。

経済力も重要だ。経済成長できないと人々は不満をため、通貨の人気（信認）は低下する。覇権国は先端の技術や、付加価値の高いモノやサービスを生み出すことによって雇用を生み出し、自国民の満足感を高めなければならない。それに加え、覇権国は世界をけん引する経済の規模と成長力を維持しなければならない。

また、政治・経済の体制も通貨の信認を支える要素だ。民主主義に基づく資本主義体制は、競争原理を通して人々が新しい発想の実現に取り組み、より多くの付加価値を生み出すために重要な役割を果たしてきた。それがさらなる経済成長を支える。

そのほか、安全保障（軍事力）、社会保障制度の充実度、多様な価値観に対する社会の寛容さ、文化的な魅力など実に多くの要素が覇権国の通貨の信認を支える。

その上で、より多くの人がその通貨の価値を信じることが必要だ。通貨の信認が高いからこそ、今日、米ドルは世界の貿易取引や投資に用いられ、外貨準備として世界各国に保有される。円や人民元などの通貨の為替レートは対ドルで表示されているのも米ドルが信認を得ているからに他ならない。

第2次世界大戦後、米国は基軸通貨ドルを中心とする国際通貨体制（ブレトンウッズ体制）を整備し、わが国や旧西ドイツの経済復興を支援した。また、米国は軍事力を拡張して旧ソ連への抑止力を高めた。多様な人種を受け入れた米国は情報通信（ＩＴ）分野での技術革新を実現するなど成功すれば、富が手に入るという普遍的な価値観（アメリカン・ドリーム）を世界に示し、多くのヒト・モノ・カネを各国から取り込んだ。そうした政策や価値観（ソフトパワー）が米国の覇権国としての地位を支えている。

覇権国のメリット

また、覇権国には大きなメリットがある。それを目指して強国はさらなる力を手に入れようと覇権国を目指す。

覇権国は自国の思った方向に国際社会を誘導できる。それによって、覇権国の国民は豊かさを享受できる。つまり、新しいものを手に入れて満足感を高めたり、より多くの富を獲得したりできるようになる。それが為政者への支持を高め、覇権国の地位を支える。

18世紀以降の大英帝国による植民地の開発はその一つの例だ。植民地の開発を進めることによって、大英帝国はアジアやアフリカの諸国を従わせた。大英帝国は、中国から茶葉を輸入した。また、アメリカ大陸からは砂糖やタバコが輸入された。イギリス人にとって紅茶を飲むために砂糖は欠かせない存在となり、大英帝国の覇権強化とともに人々の生活は豊かになった。

また、大英帝国はインドから綿花を輸入し、綿織物を生産し始めた。その結果、英国国内では綿織物への需要が高まった。効率的に、より良い綿織物を生産するために紡績技術の高度化が進み、産業革命が起きる。マンチェスターなどが紡績産業の集積地として発展し、経済力は飛躍的に高まった。

大英帝国にとって産業革命によって生み出された紡績機械は主要な輸出品目となった。紡績機械を植民地向けに輸出し、アフリカでは奴隷制度という忌まわしい歴史が生み出された。また、価格の安い綿布や紡績機をインドに輸出した。その結果、家内制手工業に支えられていたインドの綿織物産業は淘汰された。産業革命以降、大英帝国の覇権は強まり、さらに多くの富が世界各地から大英帝国に吸い寄せられた。大英帝国は軍事、経済面で世界各国への影響力を強め、その価値観を浸透させていった。つまり、覇権国を中心に世界がグローバル化し、各地の富が覇権国に寄せ集められた。それが大英帝国の繁栄を支えた。

このように、世界の政治や経済に大きな影響力を与え、自国に有利な状況を作り出せることが覇権国のメリットであることがわかる。

2 歴代の覇権国の系譜

次に、覇権国の系譜を確認する。覇権国の系譜を示すと、古代ギリシャ、ローマ帝国、フランス、ポルトガル、スペイン、オランダ、かつての中国（元）、イギリス、米国などだ。経済の面においても、軍事的な強さにおいても自国を中心に他国への影響力を強めた国が、世界のリーダーの座を手に入れてきた。その後一定の期間が絶つと、覇権国は衰退し、別の勢力が力をつけて覇権国の座を手に入れてきた。

覇権国の系譜を振り返る理由は、歴史を学ぶことで、その強さを支えた要素、衰退をもたらした原因が明確になるからだ。歴史に〝もし（ｉｆ）〟はないといわれる。しかし、歴史を振り返り、「もし、あの時、別の展開になっていたら、その後はどうなったか」と考えるとどうだろう。

例えば、古代ギリシャでは小高い山の上を中心に都市（ポリス）が形成された。権力者はポリスを守るために必死になった。その結果、外部からのより大きな勢力の侵攻という変化に対応することができなかった。もし、ギリシャの地理が急峻な地形ではなく、平野を中心としていたならどうなっていただろう。

歴史との対話を重ねることによって、覇権国を支えた、あるいはその衰退につながった要素がわかる。以下では、古代ギリシャとローマ帝国がどのように勢力を拡大し、衰退に向かったかを確認したい。それによって、今起きている米中の覇権国争いがどのように進むか、より具体的かつダイナミックに今後の展開がイメージできるはずだ。

古代ギリシャを支えた民主主義と軍事力

個人にせよ、国にせよ、力をつけて多くの人々に影響を与えるためには、その主張に賛同する人、従う人を増やさなければならない。その一つの手段として重要なのが、民主主義と軍事力の強化だ。古代ギリシャの歴史から、この二つの重要性が確認できる。古代ギリシャのアテネは、納税額に応じて市民（男性のアテネ市民）に参政権を与えた。一方、アテネと勢力を競ったスパルタは軍事力を強化し、多くの奴隷を獲得し、栄華を追求しようとした。

まず、アテネの民主主義の発展を確認しよう。紀元前480年、ペルシャ戦争のサラミス湾の戦いにおいてアテネやスパルタは、ギリシャに侵攻したペルシャを破った。この勝利は、アテネの民主主義を大きく発展させた。

どういうことか。古代、陸上での戦闘の際には、鉄兜や甲冑、剣などの装備を戦闘に参加する市民が、自分で調達しなければならなかった。それには、ある程度の経済力が必要だ。武器を手に入れる力がない人は、戦闘による領土獲得からの便益を享受できなかった。

一方、海上での戦闘では軍艦の漕ぎ手を確保しなければならない。船底で櫂（オール）を握る際、重厚な甲冑は必要ない。武器を買う経済的なゆとりがなかったアテネの人々は軍艦の漕ぎ手として戦闘に参加し、その見返りとして報酬を得た。アテネは海軍力を用いてペルシャを打ち負かし、所得の向上によって市民として認められる男性が増えた。彼らは奴隷を使って、労働から自由になった。その結果、市民の生活はまつりごとに精を出す一部の人と、享楽に浸る大多数に二分された。

一方、スパルタは少数精鋭の支配体制をとった。スパルタでは5000人ほどの市民が2万人の商工業に従事する周辺民族（自由が認められたものの、市民ではない人々）と、征服した領土から獲得された5万人程度の奴隷を支配し、勢力の拡大を目指した。スパルタは少数精鋭による支配体制を維持・強化するために、スパルタ教育で知られる厳しい軍事訓練を繰り返した。つまり、力（軍事力）

を誇示してポリス内外への抑止力を高めた。それによってスパルタは支配を続け、周辺民族や奴隷がもたらす富を吸い上げた。スパルタでも市民は演劇を楽しむなど娯楽に浸った。

ペルシャ戦争に勝利し、ペルシャという共通の脅威に対して協力する必要性が低下した結果、アテネとスパルタの勢力争いは激化する。この対立は、ペロポネソス戦争に発展し古代ギリシャ全土を戦乱に巻き込み、その後古代ギリシャは荒廃した。

以上から示唆されることは、軍事力と民主主義は強国が覇権を目指すための需要な要素である。また、権力体制が確立されると、人々は享楽にふけり、自堕落になる。その一方で、貧困や奴隷制度などが人々の不満を高める。つまり、崩壊の要因は、外部からの侵攻だけでなく、強国の内部から生み出される。そうした教訓があるからこそ、中国は香港やウイグル自治区などで人々が自由を求めている状況に危機感を募らせている。

ローマ帝国を支えた地理的特徴とリーダーシップ

紀元前2世紀以降、強国として台頭し、覇権国の座を手に入れたのがローマ（イタリア）だ。ローマは古代ギリシャとマケドニアの征服を足掛かりに、北アフリカ、中東、中央アジアまでをその勢力に加えた。

ローマの勃興を考える際、その地理的な特徴に注目してみたい。端的に言えば、ギリシャは点、それに対してローマは面だ。

古代ギリシャのポリスは〝アクロポリス（小高い丘）〟を中心に形成された。ポリスの勢力争いは、小高い丘という〝点〟の奪い合いに例えられる。勢力を拡大したアテネなどのポリスは、自らの勢力地点の防衛に固執し、平面（領土の拡大）という視点での勢力拡大には向かわなかった。むしろ、古代ギリシャはペルシャなど広大な面積を持つ勢力からの襲来に怯え続けた。それは、自ら環境の変化に適応することをためらう姿勢と言い換えてもよい。

ギリシャと異なり、イタリアには平原が多い。平原では農業が営まれ、その中で多くの人が貴族などを中心にして緩やかな連帯を形成した。それは、特定の地点に根差す勢力に強力に支配される状況と対照的だ。平野が多いために、別の場所でも生活はできるという心理的なゆとりを多くの人が感じていたといってもよい。

平野の文化は人々の緩やかな連帯や協力を支え、初期のローマでは共和制がとられた。勢力の拡大とともにローマでは貴族の力が増した。戦闘に駆り出された民衆は、徐々に貴族への不満を募らせ、貴族と同様の権利を主張した。そのためローマは段階的に人々の参政権を認め、覇権を維持した。民主主義は強国の地位の向上と覇権強化を支える重要な条件の一つだ。

ローマの勢力拡大とともに、農地は開発されつくし、荒廃した。勢力拡大すれど、暮らしは豊かにならないという状況に直面したローマは、問題を紛らわすかのように奴隷制度を用いて市民を労働から解放し、闘技場での剣闘などの娯楽を提供した。

人々が享楽に浸り始めると、新しい取り組みを進めようとする心理は弱まる。その結果、社会・経済は停滞し、人々の不満などが鬱積し始める。為政者は人々の不満を何とかしようと更なる娯楽を提供するが、事態はあまり変わらない。こうして、ローマの社会と経済の停滞感が高まった。

その中で登場したのが、ガイウス・ユリウス・カエサルだ。カエサルは諸侯の緩やかな連帯ではなく、強いリーダーシップを重視し、軍事力を駆使して領土拡大を目指した。武将として名高いポンペイウスを重用して領土拡大を任せ、彼の部下に領土を分け与えた。また、富豪のグラッススには資金調達を任せ、見返りに専売権など経済的な権力を与えた。

それが、カエサルのガリア侵攻を可能にし、ローマ帝国は覇権国としての地位を確立した。その後、カエサルの養子であるオクタヴィアヌスがローマ帝国の初代皇帝の座についてから約200年間、ローマ帝国は領土を拡大して多くの人々を支配し、政治・経済・軍事面で覇権国の座を謳歌した。その時代を〝パクス・ロマーナ〟と呼ぶ。

3 トゥキディデスの罠

歴史を振り返ると、覇権国と勃興する強国が、互いを認め合うことができず、最終的に戦争に突入したケースが多い。古代ギリシャの歴史家トゥキディデスは覇権国（都市国家）スパルタと強国として勃興したアテネが戦争に突入した経緯を『戦史』に記した。

米国の政治学者であるグレアム・アリソン氏はそれを基に、覇権国と台頭する強国の関係を非常に不安定であり、戦争に突入するような危険な状態と指摘した。アリソン氏はその状態を〝トゥキディデスの罠〟と呼ぶ。

覇権国と勃興する強国がトゥキディデスの罠に陥る背景には、〝経済的な利益〟、〝名誉（体面）〟、〝恐怖〟の3つの要素が強く影響している。覇権国は、「経済力」、「覇権国としての体裁」、「人々からの支持」を維持しなければならない。その心理が強くなるがゆえに、覇権国は強国の台頭に恐怖を感じる。米中の覇権国争いに関してもこの3つの要素は大きく影響している。以下では、古代ギリシャの覇権国スパルタと、アテネの台頭の関係を振り返り、どのように戦争が起きたかを確認しよう。その上で、トゥキディデスの罠から得られる教訓を基に、米中対立を考察する。

スパルタとアテネの関係

古代ギリシャにおける覇権国はスパルタだった。ペルシャ戦争の際、スパルタやアテネをはじめとするポリスは、ペルシャという共通の敵（脅威）に立ち向かった仲間だった。それは非常に重要なポイントだ。共通の敵に対して協力したということは、スパルタも、アテネも相互に依存していたということだ。

ペルシャ戦争の後、アテネは海上交易を活発化させ、経済成長を遂げた。多くの市民が政治に参加した。それによって、哲学、演劇、科学などの文化が花開いた。また、アテネはペルシャへの警戒を怠らなかった。アテネは安全保障を強化するために、海軍力を強化した。アテネは自らを盟主とする〝デロス同盟〟を200余りのポリスと形成し、勢力を拡大した。

アテネの経済・軍事的な力の増大に、他のポリスは警戒を強めた。その一つがナクソス島だった。アテネはペルシャの来襲に備えるためにナクソス島に軍艦を派遣するよう求めた。ナクソス島はそれを拒否した。アテネはナクソス島に裏切られたと解釈して武力で支配した。

覇権国の地位にあったスパルタは、アテネの勃興に恐怖を覚えた。海軍力を軸とするデロス同盟が形成される以前から、スパルタは陸上での戦力を強化するために〝ペロポネソス同盟〟を形成していた。具体的に、スパルタはペロポネソス半島のポリスを陸軍力によって制圧し、同盟を形成して覇権を手に入れた。覇権を握ってきたスパルタにとって、アテネの台頭は自らの地位を脅かす脅威だった。

トゥキディデスの著書である『戦史』によると、紀元前435年、植民都市エピダムノスをめぐってコルキュラとコリントが対立し、スパルタはコリントを、アテネはコルキュラを支援した。コリントはペロポネソス同盟に加盟していた。スパルタは同盟国を守るためにアテネと戦わざるを得なくなった。それが、スパルタとアテネの戦争（ペロポネソス戦争）の引き金となった。

いつの時代も、追いかける側よりも、追いかけられる側の方がつらい。スパルタは、覇権国としての地位を守らなければならない。強い軍事力を維持して支配力を強め、富を獲得したい。それによって民衆からの求心力を維持・強化しなければならない。それが、他のポリスを服従させることにつながる。この考えが強くなった結果、スパルタは協力してペルシャに立ち向かったアテネの台頭を放置できなくなった。

一方、アテネは海軍力を強化して外敵への恐怖を和らげ、より大きな力と富を得ようとした。強さを誇示し、民主主義体制を強化することで、アテネの指導者は優れたリーダーとしての名誉に浸った。アテネは経済、軍事、政治面で力を強めることで自らに陶酔したといってもよい。さらなる栄華を追い求めるアテネが覇権国スパルタの不安を気に留めることはなかった。もともと同盟関係の下でペルシャと戦ったことを考えると、アテネの認識としては、スパルタは政治体制の異なる一つのポリスという程度だったかもしれない。その結果、覇権国と勃興する強国の関係は極めて不安定なものとなり、覇権国と新たに台頭する国の対立が先鋭化した。

トゥキディデスの罠を避けなければならない米中

スパルタとアテネの対立をはじめ、多くの覇権国と新興勢力として台頭する強国が戦を交えてきた。

16世紀には、フランス（覇権国）がハプスブルク帝国と戦った。その後も、オランダとイングランド、フランスと大英帝国、など、覇権国と新たに台頭してきた強国の争いが繰り返された。それらが、覇権国と勃興する強国が〝トゥキディデスの罠〟に陥った歴史だ。米中の覇権国争いに関しても、軍事的な対立が強まり、両国がトゥキディデスの罠に陥るのではないかとの危惧がある。

中国はベトナムやフィリピンなどの主張を無視して、一方的に南シナ海の実行支配を強めている。それは国際社会からも強く非難されている。また、中国はアフリカ大陸の各国に対して経済支援を提供し、国際社会における発言力を強めている。

米国は中国への抑止力を強めるために、太平洋艦隊を展開し、韓国とわが国に基地を設け、中国が領有を主張する台湾を軍事面で支援している。また、かつて戦闘を交えたベトナムとの関係強化にも動いた。２０１６年、当時のオバマ政権は、長年禁止してきたベトナムへの武器の輸出を解除した。さらに２０１８年３月、米海軍の空母〝カール・ヴィンソン〟がベトナムのダナンに寄港した。米空母がベトナムに寄港したのは、ベトナム戦争後初だ。

覇権国である米国は、強国としてのし上がり、世界の政治・経済・安全保障への影響力を強める中国への警戒を強めている。その一方、中国は漢民族を中心に世界を制覇するという〝中華思想〟を追い求め、共産党政権の支配体制を強化している。米中はトゥキディデスの罠に陥ってはならないことを互いに確認しあったが、緊張関係は続く。一つの可能性として、米中の間でボタンの掛け違いのような状況が発生し、軍事的な衝突への懸念が高まる展開は排除できない。

重要なことは、米中と世界各国が、そうしたストレスの高まる展開をどう回避するかだ。世界は米中の衝突には耐えられないだろう。万が一、米中が軍事的な対立を強めるようなことがあれば、世界は核戦争の脅威にさらされる。国際社会は米中両国がトゥキディデスの罠に陥ることは何としても避けなければならない。

このように考えると、不安定な側面を抱えつつも米中が共存するためには、新しい発想が必要だ。そのために歴史の教訓が生かされるべきだ。

覇権国の座を争ったスパルタとアテネは荒廃した。つまり、覇権国と強国の対立の激化は、双方に打撃を与える。ペロポネソス戦争の後、マケドニアという新しい勢力が台頭し、古代ギリシャは衰退した。

トゥキディデスの罠から得られる教訓は、覇権国争いが熾烈化すると、覇権国も勃興する強国も悠久の勝者にはなれず、新しい勢力が漁夫の利を得るということだ。今日、米中を筆頭に世界各国の相互依存度は高まっている。米中の対立が激化したとしても、双方、勝者にはなれないだろう。対立が激化するほど、米中ともに傷つく可能性は高い。歴史を踏まえると、米中の対立激化は国際社会における新しい勢力の台頭を促す可能性がある。わが国はそうした展開を念頭に今後の戦略を練るべきだ。

4 大英帝国から米国への覇権国バトンタッチ

16世紀以降、ヨーロッパではフランスやイングランド、オランダなどが覇権国の座を争った。その中で徐々に力をつけたのがイングランドだ。

もともと、イングランドの海軍力はスペインのように強力かつ統率されたものではなかった。島国であるイングランドは、海賊行為によって他国から富を手に入れ、財政を運営した。特に、イングランドは欧州大陸を中心に勢力を誇ったスペインの船団を襲い、財貨を獲得した。ある意味では、イングランドという国家が海賊行為を容認し、それによって人々の暮らしが支えられていたというべき状況だった。

その結果、イングランドとスペインの関係が悪化した。1588年、スペインは無敵艦隊を派遣し、イングランドを征服しようとした。イングランドは〝アルマダの海戦〟にてスペインの無敵艦隊を破り、強国としての存在感を高めた。

大英帝国を支えた実力主義と情報、自由貿易

アルマダの海戦におけるイングランド勝利の背景には、重要な二つの要素がある。実力主義と情報

の重視だ。

まず、エリザベスI世は、自国の財政状態にゆとりがないことを理解していた。その状況下で戦果をおさめるために、エリザベスI世は貴族出身など社会階級にとらわれず、能力に応じて人材を登用した（実力主義）。例えば、海賊としてスペイン船を襲い、イングランドの財政を支えたジョン・ホーキンスやフランシス・ドレークだ。自国を取り巻く変化に臨機応変に対応する行動様式は、後の大英帝国の軍事、経済、政治に大きな影響を与える。

もう一つが情報の重視だ。エリザベスI世はフランシス・ウォルシンガムを重用し、彼に秘密警察や諜報活動を任せた。今日でいう、スパイの走りだ。ウォルシンガムは私費を投じて欧州各国に情報網を張り巡らせた。それによって、エリザベスI世の暗殺計画をいち早く察知し、未然に防いだ。また、ウォルシンガムのスパイ活動は、スペインが海軍力を増強するための資金調達などを妨害した。

イングランド海軍の資金力を支えたのは重商主義（自由貿易と異なり、国内の主要産業を保護し輸出を促進することで富を獲得する考え）政策である。具体的には自国の毛織物業産業を保護して輸出を拡大した。保護貿易によって得た資金をイングランドは海軍力の増強に投じ、植民地の獲得を進めて大英帝国が発展した。

18世紀、大英帝国はアジア、北米地域での植民地支配を確立し、世界の海洋覇権を一気に手に入れた。まず、インドにおいてフランスが支援するムガル帝国のベンガル太守を破った（プラッシーの戦い）。それを境に、インドは大英帝国に従属するようになった。また、北米大陸において大英帝国はフレンチ＝インディアン戦争に勝利した。大英帝国の覇権は一段と強まった。

大英帝国が世界の覇権国の地位を確立し、その座を守ることができたのは、自由貿易体制に切り替えて、自国通貨（ポンド）の基軸通貨の流通範囲を拡大できたことが大きい。18世紀中頃、産業革命がおき工業生産力は一気に高まった。そこで大英帝国は重商主義から自由貿易体制を重視した政策運営に転じた。この政策の転換に大きな影響を与えたのが経済学だ。

１８１９年、経済学者デービット・リカードが『経済学及び課税の原理』を著し、比較優位性の原則を提唱した。リカードは、各国が重商主義をとるのではなく、自国が得意とする分野の生産に注力し、そうでないものは輸入したほうが全体としての利得は増えると説いた。自由貿易によって大英帝国は覇権国としての地位を固め、経済の成長と社会の発展、富の増大を実現した。

自由貿易によって得られた資金は植民地などへの投資に回し、ポンドは世界の基軸通貨として、ロンドンは国際金融都市としての地位を確立した。自由貿易によって得られた資金はさらなる軍事力の強化を支え、覇権国としての地位をより一層強固なものとした。

米国へのバトンタッチ

ご存知の通り大英帝国の覇権も永遠ではなかった。20世紀前半、２度の世界大戦を経て覇権国として米国が名乗りをあげた。第2次世界大戦の終結が近づいた1944年、米国のニューハンプシャー州ブレトンウッズにて連合国が戦後の国際通貨・経済体制を議論した。米英は戦後の通貨体制をめぐって対立したが、最終的には米国の生産能力と金の保有量の多さ（当時、米国は世界の半分の金を保有）に押され、米国が主張したIMF（国際通貨基金）の創設が認められ、ドルを基軸通貨とする国際体制が整備された。ブレトンウッズ会合は、覇権国としての英国の指導力の低下と米国の台頭を象徴する出来事だった。

その後、戦勝国である米国は社会主義体制をとったソ連の勢力を食い止めるために、欧州では旧西ドイツ、アジアではわが国への経済と安全保障面への支援を強化した。

第2次世界大戦後の国際秩序の再建を進める際、米国は第1次世界大戦後にドイツが課された巨額賠償問題を教訓にしている。1919年、ベルサイユ条約でドイツは戦前のGDPの2・5倍もの賠償を命じられた。事実上、この賠償はフランスからドイツに対する報復である。ドイツは賠償負担に耐えられず、財政が悪化し、人々の生活は困窮した。その結果、不満を募らせた人々が過激派のナチスを支持し、第2次世界大戦のきっかけとなるポーランド侵攻が始まってしまった。

第二次世界大戦後の1947年、米国は旧西ドイツの経済復興と社会主義の浸透を阻止するために〝マーシャル・プラン〟を開始した。それは、西欧各国が自発的に自由資本主義体制の強化に取り組み、米国との同盟関係を重視するのであれば資金援助を行うというものだ。その結果、自動車、機械を中心に西欧経済の再建に不可欠だった産業が回復した。マーシャル・プランは、西欧各国が旧ソ連の脅威に対抗しつつ、豊かな生活を取り戻しながら自由を謳歌することに大きく貢献した。

　1945年から1952年まで、米国はわが国を占領下においている。日本の占領政策を実施した連合国軍総司令部、（通称GHQ）は農地改革を行い、人々が農地を手に入れた。

　その一方で、インフレが進行したことにより新たな問題が発生した。1946年に導入された石炭と鉄鋼などの基礎資材を重点的に生産する政策である傾斜生産方式が融資増加を招き、物価を高騰させた。その結果、労働争議が激化する。

　労働争議の激化は、日本が社会主義に染まるという恐怖を米国に与えた。1949年、米国はドルとわが国の円の為替レートを1ドル＝360円に固定し、基軸通貨米ドルの信用力でわが国の輸出競争力を支援した。それができたのは、第2次世界大戦後の国際社会において米ドルが基軸通貨として認められたからだ。

　1949年は、世界にとって非常にエポックメイキングな年でもあった。10月に中華人民共和国が成立した。米国は社会主義勢力への抑止力を高めるために、わが国の経済を支援せざるを得なかった。

　その後、わが国は繊維産業を中心に輸出競争力を発揮し、高い経済成長を実現した。戦後復興を通して、社会、経済、安全保障の安定に米国との同盟関係が欠かせないことを強く認識したともいえる。

　こうして米国は、欧州、アジアで影響力を強め西側社会の盟主としての地位を確立した。

5 予想を裏切った天安門事件後の中国

次に、強国として存在感を発揮してきた中国に視点を向けたい。強国として存在感を高め、米国との対立が先鋭化している中国は、これまでの覇権国とは異なる価値観を重視している。中国は共産党の強さを誇示し続けるために、人々の自由を徹底して抑えている。それは、自由を重視して覇権国の座を手に入れた大英帝国や米国とは根本的に異なる価値観だ。

多くの独裁政権が、クーデターや自由を求める人々の活動によって倒されてきた。中国でも、民主化が進む契機になると考えられた出来事がある。1989年6月4日の〝天安門事件〟だ。天安門事件を目にした世界の人々は「とうとう共産党支配は終焉を迎え、中国が民主主義国家への道を歩む」と確信したはずだ。

しかし、その後の展開は予想を大きく裏切った。軍や公安の強さと、党の指導力を徹底して発揮することで、中国共産党は社会統治と経済成長を実現した。言い換えれば、共産党政権は高い経済成長の実現と、徹底した支配・管理体制を敷き、人々が共産党に歯向かうよりも従ったほうが得だと思える社会を生み出した。それは驚くべき事実だ。

中国が恐れる自由への渇望

中国共産党は、人々の自由への渇望が高まることを非常に恐れている。そのため、経済の開放を進めはしたものの、人々の自由を認めることはできない。

いつの世も、人は自由を求める。つまり、自らの生き方は、自らの意思で決めたい。反対に、人は、強制されると反発する。それは、イソップ童話に登場する北風と太陽の寓話から確認できる。北風と太陽はどちらが早く旅人にコートを脱がせることができるか競う。北風は冷たい風を勢いよく旅人に吹きあて、力づくで旅人のコートを脱がせようとする。寒さに凍える旅人は、コートを脱ぐまいと抵抗する。北風はコートを脱がせることができなかった。次に太陽は、暖かい陽射しを旅人にあてる。旅人は徐々に暖かさを感じ、最終的にはコートを脱いでしまった。

多くの独裁政権が、寛容な政策ではなく圧力を用いて人々の行動を監視し、為政者の思うままに社会をコントロールしようとし失敗してきた。チャウシェスク時代のルーマニア、かつての韓国の軍事政権、旧ソ連など例は多い。為政者の力によって人々に強制的に言うことを聞かせようとしても、反発を抑え続けることはできない。それだけ、人々の自由への渇望は強い。

このように考えると、1949年に建国され、1989年には天安門事件が発生した中国が、未だに共産党による一党独裁体制を維持していることには驚かされる。中国共産党は漢民族の繁栄を重視し、13億人超の人口を支配している。また、中国には55ともいわれる少数民族が生活し、多くの問題を抱える新疆ウイグル自治区をはじめとする自治区も設けられている。

ではなぜ、天安門事件以降も中国が一党独裁を続けられているか。その一つの要因は、徹底して自由を求める人々の渇望が取り締まられたからだ。中国国内では、共産党に対する批判や人権の尊重を求める文化人の発言、人々の集会などが人海戦術とIT先端技術を総動員した監視システムによって強く取り締まられている。人々は、常に公安当局の監視の下に置かれている。

事実上、中国には言論の自由がない。インターネット上に共産党を批判する論考などが掲載されると、すぐに削除される。ノーベル平和賞を受賞した中国の著述家、故劉暁波氏が国家政権転覆扇動の罪で複数回投獄され、服役中のまま死亡したことは中国の言論統制がいかに強硬かつ徹底しているかを示している。

言い換えれば、中国共産党は人々の自由への渇望が一党独裁体制を揺るがす恐るべき力を持っていることをしっかりと認識している。それであるがゆえに、中国は汚職対策によって高級官僚やその子弟、あるいは富裕層の取り締まりを強化することはあっても、人々に自由を認めることができない。リーマンショック後、中国共産党は超人気女優の范冰冰（ファンビンビン）や大連万達集団を率いる王健林など富裕層への取り締まりを徹底した。一時は、「自分のカネを好きに使って何が悪い」と豪語した王健林は、政府に資金調達網を絶たれ、資産を売却せざるを得なくなった。最終的に王健林は共産党に感謝の意を表明し従来の共産党政権に歯向かう姿勢は徹底的に砕かれてしまった。

求心力をつなぎとめる経済成長

中国共産党は、人々の自由を強く制限するかわりに、党の権能によって高く、長い経済成長を実現した。つまり、多くの人々が共産党に歯向かっても良いことはない、共産党に従ったほうが豊かになれると信じさせ、実際に成長を享受できる経済を整備した。

加えて中国共産党は国民を支配するために、〝強さ〟を誇示しなければならない。対内的にも、対外的にも、ソフト（文化や経済）、ハード（軍事）の両面で強さを誇示し、強い存在として人々を統率し、支持を得なければならない。弱腰であることはあってはならない。一見すると、中国は言論弾圧や米国との対立を深めることで、ソフトパワーを毀損するというコストを支払ってきたように見える。それは、自由資本主義陣営の価値観に基づいた見方だ。中国共産党の価値観に照らした場合、何よりも党の力、強さが優先されなければならない。

そのために、中国共産党は経済運営面での指導力を重視した。それが、国家資本主義体制（共産党政権の考えに従って中国経済の運営を行い、成長を目指す体制）の強化の根底にある。その考えの下、１９７８年以降、鄧小平は改革開放を進めた。改革開放によって中国が外資を誘致し、自動車をはじめ技術を吸収した。鄧小平は先に富を手に入れることのできるものから豊かになり、そうでない人々を後から助けなければならないという〝先富論〟を掲げ、党の指導力によって国全体が豊かになることを目指した。その考えは、文化大革命によって共産党支配への嫌悪を覚えた人々にある種の希望を与えた。なお、改革開放は米国のように人々の自由を認めて経済を運営する考え方とは異なる。

その一方で、経済成長とともに経済格差が生じ、それが社会の不満を生むことを理解している中国共産党は不満が民主化運動の起爆剤とならないよう、学生運動などを強硬に、徹底して抑えつけてきた。天安門事件もその一例である。

また、中国は軍事力を強化して海外への影響力を強め、経済成長に必要な資源を確保してきた。中国は米国が帝国主義を強化していると批判しているが、ある意味では中国の対外政策こそが帝国主義を体現しているように見えてしまう。

兎にも角にも、中国は国内外に対して弱腰になることがあってはならない。中国共産党は、経済面では人々のアニマルスピリットを重視し、恭順の意を示す国民には寛容になる必要がある。しかし、それは自由を認めることではない。あくまでも、従う者には寛容になり、そうでない者には一切の妥協と情（なさけ）をかけずに強硬に対処する。それが、中国の国家運営の理念だ。この理念を徹底できたからこそ、今日まで中国共産党は経済成長を実現し、民主化運動やチベット、ウイグル自治区での暴動を抑え込み、一党独裁体制を維持できている。

6 次の覇権国候補＝中国

中国共産党の一党独裁体制の下、力によって人々を支配し、軍備拡張と経済成長を遂げた中国は、米国の覇権国の座を脅かしている。それは、中国が次の覇権国の候補であることを意味する。軍事力を用いた海洋進出に加えて、中国は自国を中心とする経済圏の拡大に注力している。２０１３年頃からそうした変化が徐々にはっきりとしてきた。

その背景には、米国のリーダーシップの弱まりがある。旧ソ連との冷戦時代、米国は一致団結していた。民主党と共和党は協力体制を敷くことができていた。しかし、冷戦終結とともに経済格差が拡大するなどし、徐々に米国内の政治連携は弱まった。

強国としてのし上がる中国

軍事、経済、政治、中国はいずれの分野においても自国の発言力を高めてきた。共産党政権は武力と人海戦術によって各地の軍閥を従え、第２次世界大戦を戦い抜き、戦後は国共内戦やチベット侵攻を経て国土を平定した。その上で、中国共産党は文化大革命を経て力による支配体制を強化した。

1964年に中国は初めての核実験を、1967年には水爆実験を行い、アジアで初めての核保有国となった。それによって、中国は核という米国などに対する抑止力を手に入れた。

経済運営において、中国は市場原理と党による経済のコントロールをうまく組み合わせ、人々が豊かさを実感できる環境を維持してきた。2010年にはGDP規模がわが国を抜き、中国は世界第2位の経済大国に躍り出ている。

ただ、2011年以降、中国の経済成長率は徐々に鈍化している。中国は財政出動を進めて国内のインフラ投資を増やし、経済成長率を人為的に維持しようとした。その結果、過剰投資が進んで資本の効率性が低下し、不良債権問題が深刻化した。鉄鋼、セメント、ゴム、板ガラスなど多くの在来産業が過剰生産能力を抱えている。

過剰な生産能力の有効活用や経済成長の維持を目指して、中国は海外に目を向け始めた。重要なことは、中国が経済面で各国に連携を呼びかけたことだ。その一つの取り組みとして、AIIB（アジアインフラ投資銀行）に注目したい。

2013年、中国はAIIBの設立を世界に発表した。それは、アジア新興国を中心に今後の経済成長が期待される地域のインフラ需要を中国が取り込むと同時に、国内の過剰な生産能力を少しでも活用することを目指す取り組みだ。各国のインフラ投資を支える国際金融機関の設立を中国は世界に呼びかけ、自国の取り組みに参加する国を増やそうとした。さらに、翌2014年には、習近平国家主席が〝一帯一路〟の広域経済圏構想を提唱し、中国の指導力によってユーラシア大陸からアフリカ大陸の一角を含む広大な地域の繁栄を目指す大胆なビジョンが提示された。

いずれも、世界から大きく注目された。その背景には、中国の存在感の高まりに加え、米国の政治指導力が低下し始めたこともある。オバマ政権は中国との協調を重視した。また、イラクからの撤退を表明して中東地域の混乱を招いた。共和党保守派には、オバマの対中政策への批判が多い。オバマ政権は議会運営にも難航した。2013年9月には、医療保険改革法（オバマケア）をめぐって民主党と共和党の対立が深まり、予算が成立しなかった。その結果、米国連邦政府機関が一時閉鎖に追い込まれた。

米国の政策・議会運営の混乱は、中国につけ入る隙を与えてしまった。結果的に、当時の米国の政策は内向き志向を強め、アジア地域などを軽視しているとの印象を国際世論に与えた。米国への信頼感が低下した反動のように、国際社会において中国が発言力を高めた。その結果、米国の同盟国である英国がＡＩＩＢへの参加を表明するなど、世界のリーダーとしての米国の力には陰りが見え始めた。

中国の覇権強化を勢いづかせた英国の戦略

英国が中国の提唱したＡＩＩＢへの参加を表明したことは、世界に衝撃を与えた。ＡＩＩＢの設立が提唱されて以降の経緯を簡単に確認する。2014年10月、北京でＡＩＩＢ設立の覚書が調印された。その時点でモンゴル、フィリピンなどアジアの新興国を中心に21カ国が参加を表明した。G7をはじめ、米国の同盟国は一切参加を表明していなかった。先進国サイドには、「AIIBはしょせん中国をはじめとする新興国の寄せ集め金融機関であり、基軸国家である米国の座を脅かすことはないだろう」という油断があったはずだ。また、米国はG7各国にAIIBに参加しないよう強く求めた。

中国は2015年3月末を創設メンバー国としての参加表明期限に定めた。期限が近付いた3月12日、何の前触れもなく、英国財務省はAIIBへの参加を表明した。それは、多くの先進国の追随を呼び、ドイツ、フランス、イタリアが相次いで参加を表明した。先進国の雪崩現象というべきこの動きは、米国のリーダーシップの低下を象徴づけ、中国が次の覇権国候補であるとの見方は増えた。

重要なことは、英国がどのような価値観に基づいてAIIBへの参加を表明したかだ。端的に言えば、英国は〝勝ち馬に乗る〟ことが自国の繁栄を支えると考えている。

過去、英国は主だった戦争で敗れたことがない。アルマダの海戦をはじめとする大規模な戦をかいくぐり、第1次世界大戦、第2次世界大戦ともに英国は戦勝国だった。その背景には、歴史に対する深い洞察、それを基にした国家戦略がある。

英国は、強いものが常に競争を有利に進めるのではなく、変化にうまく適応する者が長期の存続を可能にすることを理解してきた。それがなければ、長きにわたって小さな島国であり、人口、軍事、経済力が限られている英国が国際社会において影響力ある立場を維持することは難しかっただろう。

そうした価値観を著しているのが、英国の歴史家アーノルド・J・トインビーの理論だ。トインビーはペロポネソス戦争の研究などを基に、文明は内側から崩れると指摘した。トインビーは辺境（覇権を持つ国＝世界の中心から離れた場所）に文化が宿るとも指摘している。これに似た指摘として中国の故事には〝中原に鹿を逐う（ちゅうげんにしかをおう）〟とある。中原とは黄河中流域、つまり中国の中心部の平野を指し、鹿とは帝王を指す。その意味は、中心地では諸侯が覇権を競って争いが絶えないということだ。中心地では争いを経て支配が確立され、新しい価値観が育ちづらい。わが国の江戸時代末期においても、薩摩、土佐など辺境から維新が起きた。

英国はそうした覇権国争いの歴史に学び、常に世界の中心から離れた場所、国がもたらす変化をつぶさにとらえ、それをチャンスに変えることが自国に利得をもたらすと考えた。中国がＡＩＩＢの設立を呼び掛けたことは英国にとって、第２次世界大戦後の世界を支えた米国の威信がピークを迎え、新しい国際秩序の整備が進もうとする兆しと映ったのだろう。そうした見方があったからこそ、欧州の中からドイツ、フランス、イタリアが英国を追いかけたと考えられる。そうして中国は、米国に次ぐ覇権国の候補国としての存在感を高め始めた。

問題は、中国が米国に比肩するだけのソフトパワーを持っているかだ。新型コロナウイルスが発生して以降の中国の対応を見ていると、多様性などを受け入れるよりも共産党の価値観を世界に強く押し付けようとしているように見える。そうしたモノトーン的な発想で中国が世界の共感を得ることは難しいだろう。その点を考えるために次章では第２次世界大戦後、米国がどのようにして覇権国としての地位を確立し、国際秩序が整備されたかを確認したい。

第2章

覇権国の地位を確立した米国の歩み

1 第2次世界大戦後の国際秩序

第2章では、第2次世界大戦後から今日に至るまでの経緯を踏まえ、冷戦のなかで米国と当時の強国であった旧ソ連がどのように覇権を争ったか、その後、米国と中国の覇権国争いがどのように進んできたかなどを考える。

本節では第2次世界大戦後、米国とソ連を対立軸とする冷戦に焦点を当て、どのように戦後の国際社会のあり方（秩序）が整備されたかを確認する。重要なことは、米国とソ連が完全に関係を断ったことだ。

米国は英国やフランス、さらには旧西ドイツやわが国、韓国を自陣営に引き入れ、自由資本主義経済と民主主義の拡大を目指した。それによって米国は共産主義の思想が世界に浸透することを防ぎ、競争原理の発揮を通して人々の満足度が満たされ得る社会の整備に取り組んだ。世界が米国の価値観（ソフトパワー）を謳歌するために、米国は各国の安全保障をも支援した。

一方、ソ連は社会主義体制を敷き、生産手段を国有化し、共産党が需要と供給を管理した。生産資源は軍備拡張に投入し、米国への対抗力を強化した。軍事力によって、ソ連は覇権を強化しようとしたわけだ。一例に、ソ連は、ハンガリー動乱（社会主義体制下のハンガリーで起きたソ連軍の撤退や民主化を求める運動）に2000両もの戦車を派遣して、軍事力で反発を鎮圧した。さらに、北朝鮮、キューバ、ベトナムなどに軍事支援を行い、社会主義勢力圏の拡大を目指した。

しかし、軍事力の増強を目指すあまり、ソ連は人々のより良い生活、生き方＝文化を生み出すための〝製造業〟を育むことができなかった。さらに、ソ連は、軍事力の強化と勢力範囲の拡大にコミットすることで、党の威信と支配力を維持できると過信してしまった。その結果、ソ連の威信は失墜し崩壊してしまった。

相互の関係を断った米国とソ連

第2次世界大戦後の国際秩序（ルール）は、米ソが相互の関係を断った中で形成された。関係を断つということは、双方が相手を敵として扱い、その価値観を一切認めず、徹底して排除するということだ。

米国は〝自由〟という価値観を重視して、自国と同盟国の結束を強めた。当たり前だが、国や企業といった組織が強さを発揮するのは、トップを中心に組織が一つにまとまったときだ。1945年まで列強の支配や軍部による圧政に耐えてきた世界の人々に、米国が提唱した〝自由〟という価値観は、砂漠を放浪した旅人が水を手にしたかのような、何とも言えない安心感や喜びを与えた。それは、米国が特定のモノ（ハード）ではなく、ソフト（考え方、発想）によって世界を結び付けたことを意味する。

第2次世界大戦によって荒廃したわが国や旧西ドイツなどの敗戦国は、米国の〝自由〟という価値観を謳歌し、戦中の抑圧された社会心理から解き放たれた。政治面では、民主主義体制が整備され、多数決によって社会の多様な利害を調整することが目指された。その上で、米国が提供したマーシャル・プランなどの支援に支えられて、わが国などは経済成長を実感し、人々が豊かさを実感して、幸福感を高めることができた。それによって米国は旧西側諸国の支持を獲得し、戦後の国際社会をリードした。また、米国経済は、鉄鋼や自動車産業を中心に、生産規模と政治力を駆使して産業基盤を整備した。その上で、米国は軍事目的に開発された技術を民間向けに転用し、人々の生活水準の向上と社会の安定を実現した。

一方、ソ連は、自由ではなく、軍事力による支配を徹底した。スターリン以降の共産党トップは、計画経済の下で人々の行動を綿密に管理し、需要と供給を共産党のテクノクラート（一握りの高級官僚）によって満たすことを考えた。

チェルノブイリ事故とソ連崩壊

米ソの対立はソ連の自滅という形であっけなく幕を閉じた。

1986年のチェルノブイリ原子力発電所事故（チェルノブイリ原発事故）を境に、ソ連共産党の威信は失墜する。覇権国および強国の歴史を振り返ると、権力は内側からほころびが生じ、崩壊する。なぜそうなるかといえば、権力者は自らの力によって大抵のことはコントロール可能であると過信してしまうからだ。その結果、重大な問題が起きたとしても、当初は「なんとかなる。大した問題ではない」と済ませてしまう。初動対応が遅れ、周囲が徐々に事態の深刻さに気付き始める。その状況に不安を感じた権力者が重い腰を上げて対応策を練り始めた時には、対応が難しいほどに事態が深刻化していることが多い。チェルノブイリ原発事故はその典型例だ。

1986年4月26日に、チェルノブイリ原発事故が発生したが、ソ連当局はその事実を公表しなかった。世界がこの事故に気付いたのは、スウェーデンがセシウムを検出し、ソ連に問い合わせたからだ。当初、ソ連はスウェーデンからの問い合わせに対して原子力発電所の事故は起きていないと回答したが、スウェーデンがIAEA（国際原子力機関）へ通達すると、ソ連は一転して事実を認めた。しかし、その情報公開は十分ではなかった。その間、ウクライナやベラルーシを中心に放射性物質による汚染が拡大した。また、大気に混ざって放射性物質はわが国をはじめ北半球に拡散した。〝臭い物に蓋をする〟というソ連の対応が人々の不信を一挙に高めたことは言うまでもない。

当時、ソ連の政治、経済、社会の機能不全や混乱に危機感を募らせていたミハイル・ゴルバチョフは、原発事故の情報が自らに届かないことを問題視し、構造改革（グラスノスチ（情報管理に関する改革）とペレストロイカ（経済・社会体制の改革））を進めたが、遅すぎた。情報の公開を進めた結果、ソ連内部では共産党に対する不満や不信が一気に高まり、求心力は低下した。その結果、社会主義体制に基づく連邦体制が崩壊した。

見方を変えれば、ソ連には地下の鉱物資源を掘り返して鉄の塊としての兵器を生み出す力はあったが、新しい発想を用いて新しいモノを生み出し、文化＝人々の生き方を生み出す力がなかった。人は、同じことを繰り返すと飽きる。その状況が続くと不満が高まる。不満解消には、人々が新しい発想、価値観を見出し、実感することが欠かせない。ソ連には、その源としての製造業がなかった。

その結果、ソ連は15の共和国を束ねることができなくなった。言い換えれば、ソ連は人々の新しい生き方を支えるという意味での製造業の成長が国家の長期存続にいかに重要かを理解していなかった。その点は今日のロシアにも当てはまる。

ソ連崩壊の前後から、ハンガリーやポーランドなど東欧諸国では社会主義体制から資本主義体制への移行が急速に進んだ。それは、ソ連の勢力に与していた国が、米国が重視する自由資本主義体制に属し、米国の覇権を強化し、超大国としての地位を築くことにつながった。米国はＩＭＦを通して新興国の社会・経済政策の立案と実行をサポートし、各国の経済成長を支えた。それによって、米国のソフトパワー（文化や経済成長などの魅力、活力）に従う国が増えた。米国を中心とする国際社会の整備＝グローバル化が進み、１９９０年代以降の国際秩序が整備された。

日米の一人当たり GDP 推移　　データ出所：世界銀行

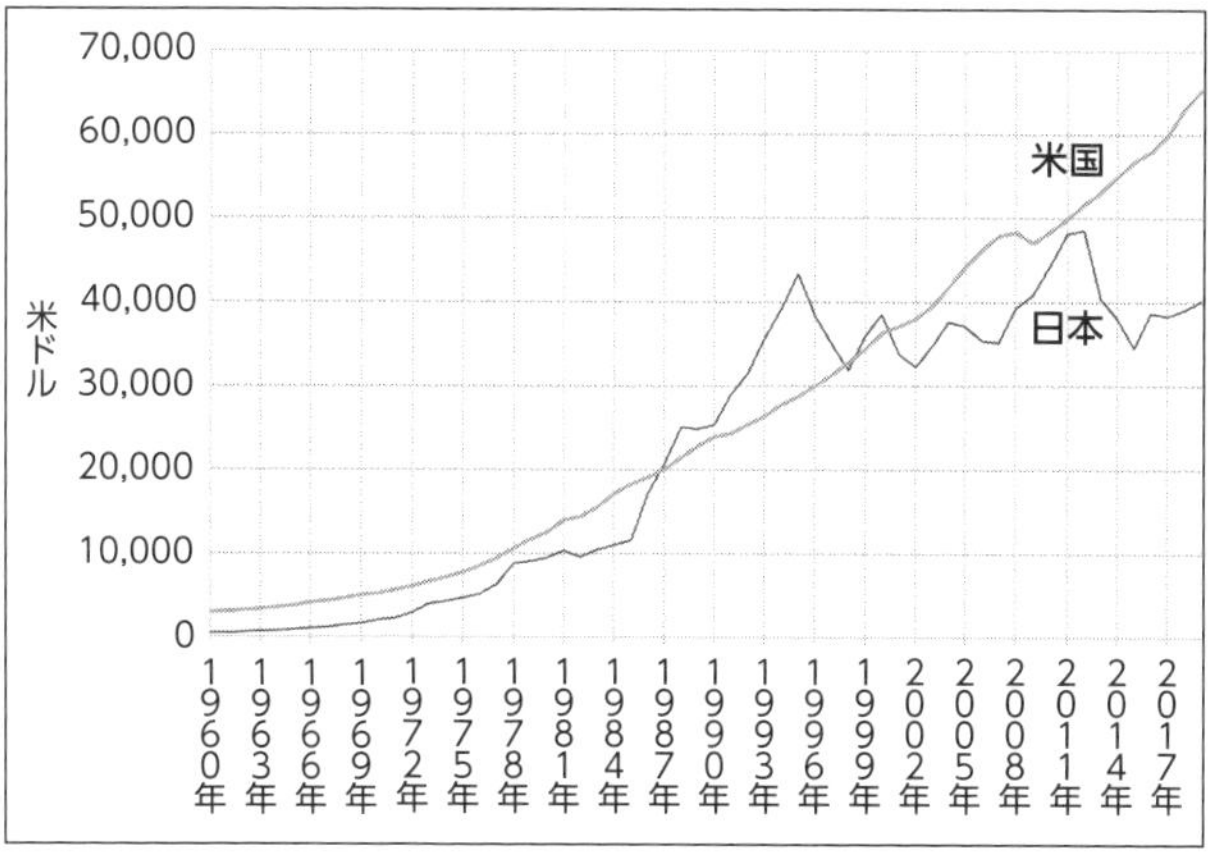

2 一時、米国を抜いたわが国の問題

第2次世界大戦後のわが国は、安全保障面を米国に依存しつつ、米国の背中を追いかけ、一時は追い越した。

１９８０年代後半には、わが国の一人当たりＧＤＰが米国を上回った時期があった。その前後で、わが国は米国に対して、安全保障面での同盟関係を維持・強化しつつ、わが国の事情に合った経済運営を目指さなければならないことを冷静に伝え、賛同を得なければならなかった。それができなかったことがわが国の問題だ。わが国は、あまりに米国に依存しすぎ、発想の転換が難しくなってしまったのだろう。

戦後、ＧＨＱ占領下のわが国は傾斜生産方式を導入し石炭・鉄鋼などの基幹産業を重視し、その結果、崩壊していた経済を立て直すことに成功している。次いで１９７０年代には、鉄鋼分野などの技術力を背景に米国などへの輸出を増やして高度経済成長を実現した。

1970年前半から1980年半ばは、戦後のわが国経済にとって一つのターニングポイントだった。わが国は、その変化を機敏にとらえ、自国にとって重要なことを冷静に米国に伝え、賛同を得るべきだった。つまり米国への輸出に依存するだけでなく、国内においては、さらに新しい技術を生み出し、人々が欲しいと思ってしまう高付加価値のモノを生産することも目指されなければならなかった。

高度成長を支えた要因

第2次世界大戦の直後、米国はわが国の重工業力が回復し、再度、軍事力をつけることを恐れた。そのため、米国はわが国の製鉄および製鋼能力を削ぐことを計画していた。当初の占領政策は、戦前から輸出競争力を誇った繊維を中心に軽工業国としての日本経済の復興を目指した。

ただ、実際に、その計画が実行されることはなかった。なぜなら、1948年、ドイツの首都ベルリンをめぐって米英ソの対立が激化したからだ。ソ連は米英がベルリンへの支配力を強化したことに対抗して、西ベルリンに向かう全ての鉄道と道路を封鎖した（ベルリン封鎖）。それは、冷戦の本格化を象徴する出来事だった。

第2次世界大戦中、ソ連はわが国への侵攻を視野に入れていた。ベルリン封鎖によって、米国がソ連の勢力拡大に危機感を高めたことは言うまでもない。米国は極東地域における覇権の強化と、対共産主義の防波堤を整備するために対日占領政策を転換した。米国はわが国の工業化を重視しはじめた。

大きな追い風となったのが、1950年の朝鮮戦争の勃発だ。わが国は、韓国を支援する米国の前線基地と補給拠点としての役割を担い、設備投資が増えた。朝鮮特需を境に、わが国は工業化の初期段階を歩んだ。それによって、鉄鋼や石油化学分野での技術開発が急速に進んだ。それが1950年代半ばから1970年代初頭にかけての〝高度成長〟を支えた。

わが国の高度成長は、製造業が経済の成長にいかに重要であるかを確認する最良のケーススタディーだ。高度成長期、わが国は朝鮮特需を足掛かりに進んだ技術革新をさらに強化しようと、設備投資を積み増した。企業が設備投資を増やせば、雇用が生まれる。雇用が増えれば、賃金が増える。それによって、国内の需要が高まる。

高度成長期は、戦後の荒廃を経て戦勝国・米国の豊かさへの人々の憧れに突き動かされた経済変革期だった。見方を変えれば、新しいモノを生み出すことは、人々の生き方を変え、それが所得の増加とさらなる経済の成長を可能にする。わが国の高度成長は、一つの国が経済成長を遂げるために製造業がいかに重要かを示している。同時に、わが国の高度成長の背景には、米ソの対立が鮮明化した結果、米国がわが国の重工業化を重視するようになったという覇権国の事情が強く影響したことも忘れてはならない。

内需の飽和と米国からの圧力

1970年代前半に入ると、徐々にわが国の経済成長率は鈍化した。最大の原因は、内需の飽和だ。わが国の農村部が抱えていた余剰労働力は都市に吸収され、三種の神器などが家庭に浸透し需要は飽和した。それによって、技術革新と設備投資が鈍化した。その後の経済成長の軸足は、国内の消費から輸出にシフトした。わが国の対米輸出は増加し、米国の基幹産業であった自動車などが大きな打撃を被った。

その結果、米国の対日政策が変化した。米国は、わが国の競争力向上を問題視し始めた。1971年8月、米国はドルと金の交換を停止し、各国に通貨の切り上げを求めた（ニクソンショック）。それは、戦後の復興を支え、自由資本主義陣営の強化を支えたブレトンウッズ体制が限界を迎えつつあったことを意味する。

高度成長の終焉と米国の対日姿勢の変化は、戦後の日本経済にとって大きなターニングポイントだった。1973年2月、ドル／円の為替相場は、完全な変動相場制に移行した。1980年にはレーガン（のちの大統領）が米自動車産業の救済を表明するなど、米国は自国市場で存在感を発揮するわが国への警戒を強めた。大統領に当選したレーガン氏は、わが国に市場の開放と内需の喚起を強く求めた。わが国が独自技術を用いて世界的シェアを獲得した半導体分野でも米国との摩擦が生じ

ドル／円為替レートの推移　データ出所：FRB

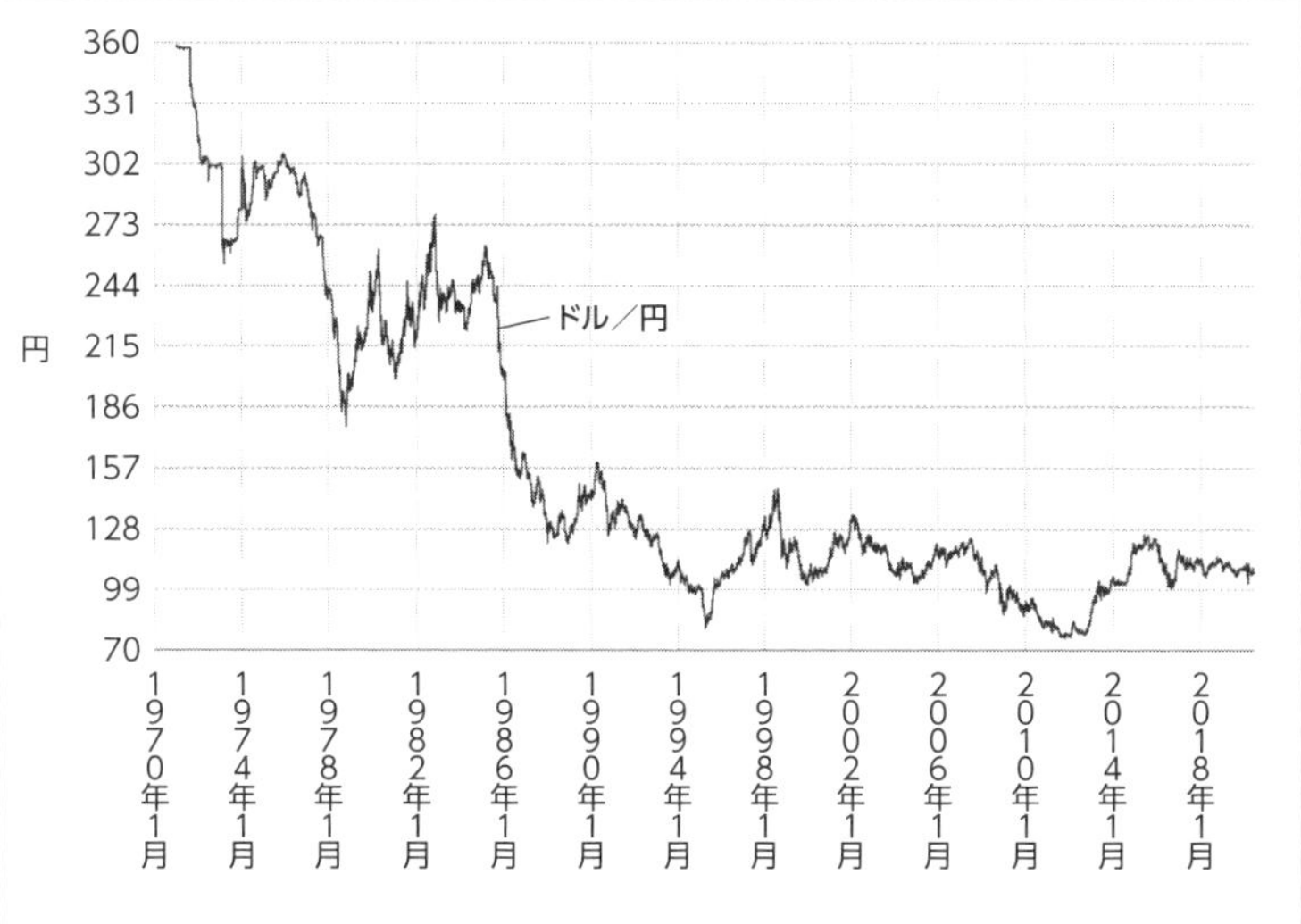

た。１９８５年には、米半導体工業会がわが国の半導体企業がダンピング（不当廉売）を行っているとして米通商代表部（ＵＳＴＲ）に提訴した。また、同年９月には米国がわが国をはじめ５カ国を招き、過度なドル高の是正のために協調して行動することが発表された（プラザ合意）。

その後、円高による景気減速を恐れ、日銀が利下げを進めた。その結果、カネ余りから株式市場と不動産市場に資金が流入し、資産価格が上昇し始めた。日銀は円高不況を恐れて緩和的な金融環境を維持し、多くの人が未来永劫、株価も不動産価格も上昇し続けると先行きの展開を過度に楽観しはじめ、資産バブルが発生した。バブルが膨らむ中で、わが国の一人当たりＧＤＰは一時的に米国を追い越した。１９９０年初頭にバブルははじけ、わが国経済は長期の停滞に陥った。

わが国が考えなければならないことは、過去の教訓を今後に生かすことだ。１９８０年代以降、日米貿易摩擦が熾烈化する中、わが国は米国の意向を尊重しつつも、自動車や半導体がわが国独自の技術を用いた製品であることを理解してもらわなければならなかった。そのために、わが国は早い段階で自国に賛同する国を増やしておく必要があっただろう。

しかし、安全保障を米国に依存しているという立場上、どうしても米国への配慮、遠慮が先行してしまった。その後、わが国がバブルの熱気に深く浸り、〝ジャパン・アズ・ナンバーワン〟ともてはやされたことも重なって、自国の考えをしっかりと伝えるという根本的な問題に向き合うことはより難しくなったといえる。

足許、中国は米中との通商摩擦の真っただ中にある。中国には有利と考えられる部分もあるが、不良債権問題や先端分野での生産技術などの面で弱さもある。そう考えると、わが国は独自の技術を用いて、米国からも中国からも必要とされ、リスペクトされる立場を目指すことはできるはずだ。わが国は、過度に米国の意向に配慮し、自国に必要な取り組みをしっかりと発信できなかった、という問題（弱さ）に向き合い、その教訓を生かすことで米中双方との適切な関係構築を目指さなければならない。

3 グローバル化のメリットを享受した米国

わが国が戦後の復興を歩む中で、米国が1ドル＝360円の固定為替レートを設定したことは大きかった。わが国は、為替レートの影響に左右されることなく、経済成長を謳歌することができた。もしそれがなければ、わが国は自力で資金を調達しなければならず、復興は難航したはずだ。

それは、覇権国・米国の信用力に支えられた基軸通貨ドルの威信に支えられ、復興を遂げたということだ。米国は世界の基軸通貨としてのドルの信認を維持することによって自由貿易体制を推進し、グローバル経済の運営を行った。それによって各国は比較優位の原則に基づいて、得意分野の生産を強化し、貿易取引を通して必要な資材などを調達することで成長を遂げた。それが、世界経済全体の成長を支えた。

第1章で簡単にふれたが、ある国が覇権国としての地位を確立するためには、基軸通貨としての信認が確立されなければならない。第2次世界大戦後の米国は、第1次世界大戦後の戦後処理の問題点と、第2次世界大戦が発生した原因を研究して、より安定した通貨体制の確立こそが国際秩序の整備に欠かせないことを理解した。それが、米国が覇権国としての地位を確立・強化し、米国を中心とするグローバル化の進展を支えた。その結果、基軸通貨ドルの流動性と信用力を支えに、米国が世界経済を支える構図が出来上がった。

グローバル化を支えた第1次世界大戦後の教訓

米国は、第1次世界大戦後の国際社会の教訓を研究し、それを活かすことで第2次世界大戦後のグローバル化の土台を築いた。大まかに言えば、各国の経済政策の失敗が世界経済を深く、大きく分断し、第2次世界大戦を勃発させた。その教訓をもとに、米国は、同盟国内での政治、経済、安全保障の連携を強化しなければならないという認識の下で戦後の処理にあたった。

米国が重視したポイントは大きく2点だ。まず、第1次世界大戦の戦後処理だ。第1次世界大戦の軍事物資の供給は、民間の信用供与に依存していた。その結果、第1次世界大戦後の戦後賠償が膨らみ、ドイツ経済が大混乱に陥った。それは、人々がナチスへの支持を強める一因となった。

第2次世界大戦が勃発して間もなく、米国は過去の教訓を生かし始めた。それが、1941年のレンドリース法成立だ。米国はレンドリース法に基づき、英国やフランスなどの連合国に対して軍事物資を提供した。それと引き換えに、米国は同盟国の基地を使用した。レンドリース法による米国の軍事物資の供給は、英国などがドイツとの戦闘を進めるために重要な役割を発揮した。また、米国にとってレンドリース法の成立は、国内の重工業化を推進し、世界に冠たる工業大国の地位を築くことにも役立った。

1945年9月、米国政府はレンドリース法の廃止を決定したが、英国は米国からの軍事物資の供給を依然として必要としていた。その際、米国は英国と米英金融協定を締結し、レンドリース法の廃止によって英国に発生した軍事物資の支払い負担を免除した。

次に、米国は世界恐慌の発生とその後の各国の経済政策も教訓とした。第1次世界大戦後の世界経済は、極めて不安定だった。欧州での戦闘が終結した結果、各国は軍需産業を中心に過剰生産能力を抱えてしまった。その中で、米国は1920年代に重工業化を進め、自動車や冷蔵庫などの新しいテクノロジーを用いたモノを多くの人が手に入れ、世界の中でも経済環境は良好だった。ディズニーやコカ・コーラなどの米国の消費文化はこの時代に生み出された。

しかし、1929年10月24日に米国の株価が暴落した（暗黒の木曜日）。それをきっかけに、世界経済は大混乱に陥った。大恐慌の始まりだ。米国はニューディール政策を導入して公共工事を増やし、有効需要を生み出すことで景気を支えた。

植民地を有していた英国やフランスは植民地と自国通貨を用いた〝ブロック経済体制〟を整備した。ブロック経済体制をとった国は、ブロック外の国との貿易には高い関税を課して、需要を独占した。第1次世界大戦に敗れたドイツや十分な植民地を得られなかったイタリアではファシズムが台頭した。大恐慌の発生によって、米国からドイツへの融資が滞ったことも、ドイツの反米心理を高めた。

まさに、カネの切れ目が縁の切れ目。当時はＩＭＦのような国際金融機関は存在しなかった。各国は金本位制（一定重量の金と通貨の等価関係を維持する体制）を採用していたが、大恐慌によってドイツの賠償能力が低下した結果、英国の財政収入が急減し、ポンドを売り、価値が一定の金に換えようとする人が殺到した。その結果、英国は金本位制度を放棄せざるを得なくなる。すると、金本位制を放棄する国が増え、自国通貨を切り下げて輸出によって利得の確保を目指す国が増えた。

大恐慌が発生し、ブロック経済体制などが整備されて各国が自国の利得確保に奔走した結果、世界の金融と経済活動が分断された。どの国も、自国の対応に精一杯であり、窮乏した国を支援するゆとりはなかった。その結果、ブロック経済圏、ファシスト体制、社会主義体制間の対立が激化し、第2次世界大戦が発生した。

世界の基軸通貨としてのドルの地位確立

戦後、米国は自国通貨であるドルを世界の基軸通貨として用い、その流通範囲を拡大させた。それが世界の覇権国としての米国の地位を支え、米国を中心に西側の各国が自由貿易を通してつながるというグローバル化を進めた。冷戦後、米国は、グローバル化をさらに強化し、各国から必要なモノを、より低いコストで調達し、個人消費の拡大を中心に経済成長を遂げた。米国の個人消費の拡大が米国企業や世界各国に富をもたらし、米国は覇権国としての地位を盤石のものとした。

重要なことは、米国のドル覇権が整備された背景には、米国を中心とする多くのたゆまぬ努力があるということだ。それは一朝一夕に得られるものではない。

まず、ブレトンウッズ会議において、ドルを世界の基軸通貨（ニクソンショックまで金／ドルの交換比率は金1オンス＝35米ドル）とすることが決められた。その意味することは、戦後の国際社会の復興に関して、米国が責任を持ったということだ。

その証として、米国はＩＭＦを設立して各国の通貨体制の安定に資金が必要になった場合には融資を行う国際通貨体制を整備した。それに加えてＩＢＲＤ（国際復興開発銀行、戦後の復興と経済開発のための信用供与を目的とする国際金融機関）が設立され、米ドルの信用力を支えに戦後の復興が進んだ。

さらに、米国は同盟国を中心に自由貿易を推進し、自国通貨ドルの流通範囲の拡大に取り組んだ。１９４７年には23カ国が関税及び貿易に関する一般協定（ＧＡＴＴ）に調印した。ＧＡＴＴは最恵国待遇原則（いずれかの国に与える最も有利な待遇を、すべての加盟国に与える）をはじめ多国間で自由貿易を推進するための基本原則を定めた。その理念が、戦後の国際貿易体制の基礎となっている。その後、世界各国はＦＴＡ（自由貿易協定）やＥＰＡ（経済連携協定）を成立させ、相互の経済的関係を強め、グローバル化が進んだ。

自由貿易体制が整備される中で、新興国の中には自国通貨と米ドルの為替レートを一定に固定する国が出始めた。各国の外貨準備においても、米ドル（米国債）が中核の資産だ。財政面などに不安のある新興国などは、自国通貨とドルの為替レートを固定することで、政策の自由度は奪われるが通貨の信用力を補完することができる。ドルの威信を借りることで、多くの国の政府や企業が、ドルで資金調達を行い、借り入れコストを抑えて経済成長のために必要な資金を確保した。

その一方、米国の企業は海外進出を進め、新興国の豊富かつ安価な労働力を用いることでコストを抑えて製品を生産し、それを米国が輸入し、個人消費が盛り上がった。その結果、個人消費を中心とする米国経済が世界経済全体を支える今日のグローバル経済が整備された。

１９９０年代以降、グローバル経済体制の整備が進み、米国を中心に世界がそのベネフィットを享受できたのは、米国が世界経済における〝最後の貸し手〟としての責任を果たしたからだ。１９９４年のメキシコ通貨危機（テキーラショック）、１９９７年のアジア通貨危機、２００８年のリーマンショック、２０２０年のコロナショックの際、米国は資金調達が困難となった国にドルを供給し、苦境からの立ち直りを支えた。見方を変えれば、戦後から今日に至るまで、米国は基軸通貨ドルの信認を維持・強化することで覇権国の立場を確立し、グローバル化を推進することで世界全体の安定を支えてきたのである。

4 ITで復活を果たした米国経済

第2次世界大戦後、米国は世界の工業国としての地位を確立し、成長力を高めた。その後、米工業力の強さの象徴だった鉄鋼業は衰退し、米国経済への不安が高まった時期がある。しかし、１９９０年代に入ると米国は復活を遂げた。それをけん引したのが情報通信技術＝ＩＴだ。

戦後の世界経済において、西側社会における米国経済の強さ、大きさは圧倒的だった。その象徴が鉄鋼業である。しかしその後、わが国や欧州各国、南米などで鉄鋼業が成長し、徐々に米国の鉄鋼業は競争力を失った。

１９８０年代、米国は減税によって経済成長率を高めようとした。さらに、軍事力の維持も財政支出が欠かせない。その結果、米国の財政収支は赤字に陥った。また、米国は、工業製品を輸入し貿易赤字も恒常化した(双子の赤字)。米国は海外からの資金流入によって経済を運営せざるを得なくなった。そのために、米国は基本的には自国の経済が安定している場合には強いドル（強いドルは国益という考え）を重視して、経済運営を進めた。

その後、冷戦が終結すると、米国では主に軍事目的に開発された情報通信技術が、社会を一変させた。その結果、米国経済全体で、生産性が大きく改善した。ＩＴ革命と呼ばれた情報通信技術の普及は、世界経済全体をもがらりと変えてしまった。１９９０年代から２０００年代、米国は、重厚長大な在来産業から情報通信を核とする先端分野への経営資源の再配分を実現して経済力を一段と高め、グローバル社会の盟主としての地位を確立した。

米国の強さを象徴する
ＩＴ革命

第２次世界大戦後、米国は安全保障の強化を目指して情報通信技術＝ＩＴ分野での研究・開発を重視した。その結果、１９９０年代にはいると米国ではインターネット通信によって人々の生活が劇的に変わり始めた。ＩＴの優位性に目を付けた企業が様々な情報サービスを創出し、米国でインターネット革命が起きたのである。

１９９５年から２０００年にかけて、ＩＴ関連の企業が多く上場するナスダック市場では、～ドットコムと名の付く企業であれば成長は間違いないと多くの人が妄信して、ＩＴ関連株が大きく買い上げられた。それがＩＴバブル（株式のバブル）だ。

簡単に米国で情報革命が起きた背景を確認しておこう。１９４９年、ベル研究所が電子信号を増幅するためなどに用いられるトランジスターの特許を公開した。１９６８年には、ＣＰＵ（中央演算装置）の開発で世界を席巻することになるインテルが設立された。

同年、国防総省傘下の高等研究計画局（ＡＲＰＡ）の資金援助を得て、産学連携の下でインターネット（複数のコンピューター、及びそのつながり（ネットワーク）を相互に接続したネットワーク）の研究が進められた。そうした取り組みは、大英帝国が敷設した電信網にとって代わる可能性を秘めた。いつの時代も、世界のネットワークを制し、情報面での競争を優位に進めることが覇権国には必要だ。

米国の主要株価インデックスの推移　　データ出所：Google finance

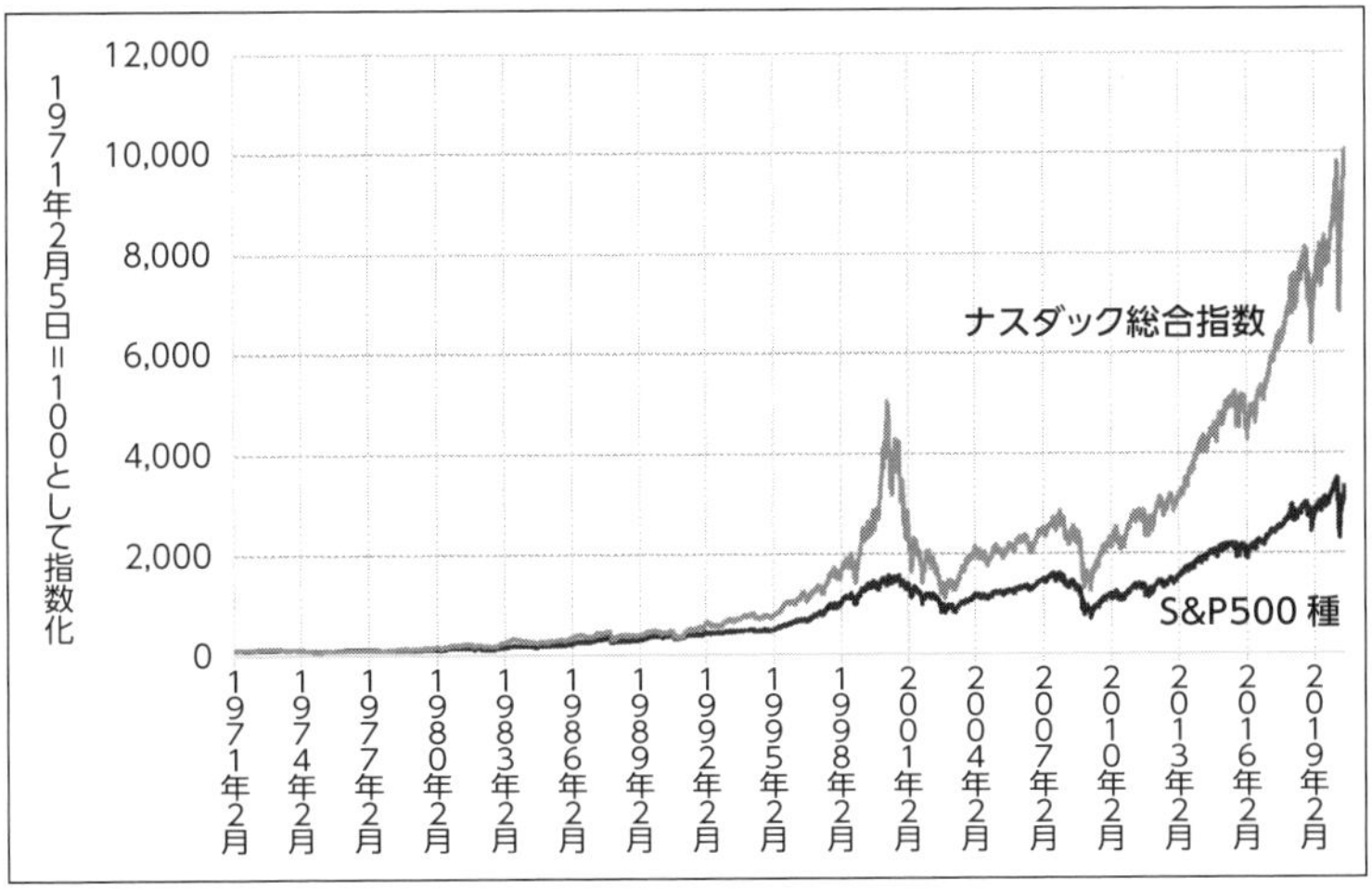

1980年代に入ると、大学などの研究機関がスーパーコンピューターの相互接続を開始し、研究・開発分野の効率性が飛躍的に高まる。また、営利目的でのインターネット通信サービスも登場した。

1990年に入ると、一気にIT革命が花開く。電子メールが普及し、郵便やファックスは過去の産物となった。金融市場では取引、情報収集などのコストが大幅に低減し、企業は、インターネットを用いて効率的に在庫を管理し、世界各国の情報を素早く入手できるようになった。コンピューターを用いて文書を作成し、それをインターネット上で共有することも可能になった。

それが、鉄鋼業の衰退に代表される米国の脱工業化のスピードをさらに加速させた。その結果、人々の生き方が変わった。かつて、文書を作成するにはタイプライターを正確に使うことのできる専門職（タイピスト）が必要だった。しかし、マイクロソフトのソフトウェア開発とパソコンの普及によって、タイピストという職業はなくなってしまった。そのかわりに、企業はサービス分野など新しい分野にヒト・モノ・カネを再配分することができた。

その後、米国経済はインターネットバブルを経て世界のＩＴ大国としての地位を築いた。リーマンショック後の世界経済を振り返ると、GAFAM（Google、Apple、Facebook、Amazon、Microsoft）など米国のＩＴ先端企業のイノベーションに支えられた側面は大きい。アップルは台湾の鴻海（ホンハイ）精密工業に自社デバイスの生産を委託し、中国にある傘下工場でホンハイはiPhoneなどの生産を行っている。そうした取り組みが世界全体で進み、より効率的な資産の運用と経営資源の再配分が支えられ、経済全体の生産性が高まった。

米国経済の強さは、グローバル化を進める中で国内外の多様な価値観を尊重し、その中からより効率的に、より大きな付加価値を創出できる発想を社会全体で支援することにある。鉄鋼業などの衰退に直面した米国が１９９０年代以降にＩＴ革命を遂げ、経済成長を遂げたことが、その強さを示している。

5 リーマンショック発生と米国のリーダーシップ低下

ＩＴ革命によって、米国は覇権国の座を固めた。１９９０年代以降、米国の利害を中心にグローバル化が進み、世界経済は成長した。その転換点となったのが、2008年9月15日だ。その日、リーマンショック（当時全米第4位の投資銀行だったリーマン・ブラザーズが経営破綻に陥り、世界の金融市場と経済が大きく混乱した出来事）が発生した。リーマンショックは、米国のリーダーシップが低下し、次なる覇権国候補として中国が台頭する分水嶺となった。突き詰めていえば、超大国米国を震源に世界的な経済・金融危機が発生したことによって、米国がリーダーとしての責任を果たしていないと考える国が増えてしまった。

第2次世界大戦後の国際社会の秩序を形作ったのは米国だ。米国は第1次世界大戦後の教訓をもとに、国際通貨制度の確立にコミットした。冷戦終結後、米国はＩＴ技術を実用化しグローバル化を推進した。それが世界経済を支える原動力となった。

戦後のある時期まで、米国は国際社会、経済の再生と持続的な発展にかなりの責任を持っていた。それがあったからこそ、サプライチェーンのグローバル化やクロスボーダーの投資が増加し、世界各国が米国と強く、深くつながり、相互依存度が高まった。それを米国のドル覇権（世界の基軸通貨であるドルの信認の高さ）が支えた。

世界各国の相互依存度が高まる中、世界経済の基軸国家である米国で何らかのショックが発生すれば、その影響は瞬く間のうちに世界全体に波及する。まさに、ドミノ倒しのように、世界の金融システムが不安定化し、景気が急速に悪化するリスクがある。リーマンショックの発生前、米国は自国の責任、リーダーシップの重要性を十分に認識できていなかったようにさえ思える。

リーマンショックまでの大いなる安定

リーマンショックが発生するまで、米国を筆頭に世界各国は、大いなる安定と呼ばれる比較的良好な経済環境を謳歌した。大いなる安定とは、世界全体で物価の上昇（インフレ）が抑制され、資産価格をはじめ経済が堅調に推移した状況を言う。最も重要なことは、覇権国・米国の経済が安定し、ドルの信認が維持されたことだ。

過度なインフレは通貨の価値を毀損し、米国のドル覇権を揺るがす。１９７０年代、米国財政は悪化し、インフレが進行した。１９７９年からボルカー米連邦準備理事会（ＦＲＢ）議長（当時）がインフレの進行を食い止めるために、急速かつ大幅に政策金利を引き上げた。１９８１年には20％にまで米国の政策金利が引き上げられた。それによって米国経済は低迷したが、インフレは徹底して抑えられた。

それが、米国経済の安定を支えた。１９９０年代に入ると、前節で記したＩＴ革命が起きた。ＩＴ化によって米国では起業をはじめ経済が勢いづいた。つまり、より多くの付加価値を生み出すものが評価されるというアメリカン・ドリームを人々が追い求め始めた。多くの人が「米国で成功できれば、豊かな人生を送れる」と夢を膨らませた。アフリカ系も、アジア系も、ヒスパニックや南米からの移民を含め米国社会全体が、ＩＴ先端技術が豊かさをもたらすことを実感し、経済全体でリスクテイクが進んだ。賃金の伸びや資産効果に支えられ、米国の個人消費が増えた。経済成長とともに米国の輸入は拡大した。

それが新興国の経済成長を支えた。冷戦終結後、中国は軽工業を中心に世界の工場としての地位を徐々に確立し、輸出によって経済成長を実現した。アジア通貨危機などの混乱が発生したものの、韓国はＩＭＦの資金提供によって苦境を脱し、輸出競争力を高めることができた。また、アジアなどの新興国は海外直接投資を誘致し、機械、自動車部品、電子機器などのサプライチェーンに組み込まれ、各国間の経済的なつながりが強まった。

ＩＴバブル後の２０００年前半から２００５年半ばまで、米国では住宅バブルが発生した。米国の大手金融機関は、短期市場で資金を調達し、それを信用力が相対的に低いサブプライム層の家計、それよりも信用力の劣る個人などに長期で融資した。その上で、金融機関は貸し出した住宅ローン債権を束ねて信用力が相対的に高いと考えられるものから低いものに階層分けを行い、ＭＢＳ（住宅ローン担保証券）を組成した。ＭＢＳに投資することで、わが国や欧州など各国の機関投資家がより高い利得を享受しようとした。世界の投資家がリスクをとり、買うから上がる、上がるから買うという強気心理が世界全体に蔓延した。その結果、世界の企業経営者、家計、主要投資家が未来永劫、米国の住宅価格は上昇し、大いなる安定が続くと楽観に浸った。

しかし、経済が永久に安定を維持することはない。２００５年の後半に入ると徐々に米国の住宅価格は伸び悩みはじめ、金利の上昇によって住宅ローンの延滞が増え始めた。２００７年に入ると、米国の住宅価格は下落が鮮明化した。同年8月には、米国のＭＢＳに投資していた仏大手金融機関傘下のファンドの運用が行き詰まった。それは、米住宅バブルの崩壊と、大いなる安定の終焉を示唆する出来事だった。

リーマンショックの発生と世界の多極化

2008年、米国では大手金融機関の経営不安が急速に高まった。3月には当時第5位の投資銀行だったベア・スターンズがJPモルガンに救済合併された。その後、米国の金融市場では、金融機関同士の相互不信感が大きく高まった。端的に言えば、資金を借りるのは良いが、貸すことはできないという心理が金融市場に立ち込めた。

その結果、9月15日、リーマン・ブラザーズは資金繰りに行き詰まり、経営破綻に陥った。世界経済は大混乱に陥った。

それを境に、新興国が米国の経済運営を批判し、国際社会は多極化に向かう。米国が世界のリーダーとしての責任を十分に認識していない、あるいは無責任だとの見方を強める国が増え、国際社会の利害調整が難しくなった。世界の覇権国としての米国の威信が揺らぎ始めたという点で、リーマンショックの発生は第2次世界大戦後の国際秩序を揺るがす一大イベントであり、分水嶺だ。

米国がリーマン・ブラザーズを救済しなかったのは誤りだった。主要国の大手金融機関の経営破綻は、世界の金融システムを大混乱に陥れる恐れがある。それは、リーマンショックの発生以前から認識されていたことだ。

１９９０年初頭、わが国では資産バブルが崩壊し、１９９７年には大手金融機関の経営破綻が相次ぐ金融システム不安が発生した。その結果、景気の低迷が深刻化し、不良債権問題の処理には多くの時間がかかってしまった。こうしたわが国の教訓に基づくと、大手金融機関の経営が行き詰まった際、迅速な公的資金の注入によって財務体力を支えたうえで不良債権処理を進めることが欠かせない。

それができないと、経済と金融市場は大きく低迷する恐れがある。国際社会における米国の地位を考えると、大手金融機関の経営破綻が発生する影響はあまりに大きい。米国はその点を理解していながら、リーマン・ブラザーズを救済しなかった。

一方、リーマンショック発生の翌日に、経営破綻の瀬戸際にあった大手保険会社ＡＩＧは政府に救済された。米国政府はＡＩＧの破綻はリーマン・ブラザーズ以上に深刻な影響を世界に与えると考えたわけだが、ＡＩＧもリーマン・ブラザーズも住宅バブルの熱狂に浸り、デリバティブ（金融派生商品）や証券化ビジネスに注力し、世界の金融システムに大きな存在感を示してきたことに変わりはない。であるにもかかわらず、ＡＩＧは救済され、リーマン・ブラザーズが救済されなかったことは一貫性を欠く。米国政府とＦＲＢの判断に対して、各国から懸念が示された。特に、新興国からの批判は強く、米国はグローバル化を推進しておきながら世界の金融システムの安定にコミットしていない認識が世界に広がった。

その結果、国際社会における米国のリーダーシップは低下した。政治の不安定化は通貨の信認を毀損する。ドルの信認は低下し、国際通貨市場は大混乱に陥った。リスクの高い新興国からは資金が海外に流出し、経済が混乱した。国内でも失業の増加などによって経済格差が拡大し、大手金融機関の放漫経営に世論の不満が高まった。

その状況に新興国各国からの不満が高まり、G7からG20へと国際社会の多極化が進んだ。つまり米国を軸に先進国が担ってきた国際社会の運営に、先進国とは経済や政治状況が異なる新興国が加わり、存在感を示し始めた。

その中で期待を集めたのが中国だ。2008年11月に中国政府は4兆元（当時の邦貨換算額で57兆円）の経済対策を打ち出した。インフラ投資をはじめとする公共事業が増え、中国は世界から鉄鉱石や原油、天然ガス、銅などの資源を爆買いした。中国の資源需要はブラジルやオーストラリアなどの資源国の景気を支え大きな存在感を示した。

こうした事情を背景に、第3章では、リーマンショックを境に米国の後退と中国の台頭が鮮明化したことを考えたい。

第3章

米国の後退と中国の台頭

1 米国の退潮を加速するトランプ政権

2016年11月の大統領選挙にて、共和党候補のドナルド・トランプ氏が当選したことを境に、覇権国・米国の退潮は鮮明化した。2014年の世論調査で過去最低と評価されたオバマ大統領（当時）以上に、トランプ政権への不安は多い。

最も懸念されるのは、トランプ大統領が米国社会の分断を深刻化させていることだ。それが、国際社会における米国のリーダーシップ低下に無視できない影響を与えている。

本来であれば、リーマンショックによって傷ついた米国を立て直すことが、米国が覇権国としての地位回復を目指すために重要だった。そのための方策を練ることが、トランプ政権に課された使命だ。しかし、トランプ氏はその問題に真正面から向き合うのではなく、中国への強硬姿勢を強めることで成果を誇示しようとした。米中の通商摩擦の激化は世界経済を下押しした。さらに、2020年には新型コロナウイルスの感染が世界全体に広がった。その状況に対応するために、米国は国際協調体制を整備しなければならなかったが、初動対応が遅れ、米国内でアフリカ系米国人を中心に感染が急拡大してしまった。その結果、社会不満が膨れ上がり、国内の人種差別問題も深刻化した。

トランプ大統領はそうした状況を落ち着けることができていない。ある意味、同氏の心中には自らのことばかりがあり、国家のトップとして社会を一つにまとめ、人々を安心させることには関心が向かっていないようだ。同氏の言動を見ていると、自分を支持する者以外は敵に回しても問題ないとさえ考えているように見えてしまう。米国社会の分断は深まり、国際社会における発言力、指導力は一段と低下する恐れが高まっている。

分断される米国社会

トランプ大統領は、米国の社会・経済全体の利益よりも、一部の支持層の満足を重視している。その結果、同氏を支持する層と、それ以外に社会の分断が深刻化している。

米国社会の根深い問題である人種差別に関するトランプ氏の発言などを見ていると、同氏は共和党の一部保守派などの支持を獲得できればよいと考えているように見える。大統領に当選する以前から、トランプ氏は白人至上主義団体であるクー・クラックス・クラン（ＫＫＫ）の元最高幹部が表明した支持を受け入れた。

トランプ氏の姿勢が、米国社会の優越主義を刺激したことは否定できない。２０１７年には、ヴァージニア州シャーロッツビルにおいて白人至上主義者の集会が開催された。それに反対する人との間で衝突が起き、犠牲者が出てしまった。同州では非常事態宣言が発令されるなど、米国社会の分断と混乱、対立は激化した。その状況に関して、トランプ氏は従来の姿勢を翻したかのようにＫＫＫなどが米国の価値観に反すると非難する姿勢をとった。

しかし、トランプ氏の考えは根底では変わっていない。２０２０年5月にはミネソタ州ミネアポリスで白人警官によるアフリカ系米国人の暴行死事件が発生した。その様子を撮影した動画がＳＮＳで米国内外に拡散し、米国各地で多くのデモが起きた。

そのデモの背景には、人種差別問題への非難と、経済格差への不満が大きく影響した。アフリカ系米国人の所得は白人よりも低い。所得が少ないため、医療へのアクセスも限られる。その状況の中で、新型コロナウイルスによる感染症が拡大してしまった。当初、トランプ氏は経済活動を優先するなど、感染症対策は遅れた。そうした為政者への怒りや批判の心理が、暴行死事件を境に一気に噴出した。

過去、米国で人種差別問題に端を発するデモや暴動が起きた時、歴代の大統領は人々に多様性を尊重し、互いを理解することが重要だと社会を一つにまとめようとした。しかし、トランプ氏は、社会の連帯ではなく、対立を深める発言を繰り返した。例えば１９６０年代の公民権運動の際に白人警察官が用いたフレーズをツイートし、「米軍を動員して力で鎮圧する」という趣旨の発言をするなど、人々の反発を一段と高めてしまった。

社会を分断するトランプ氏の価値観は、米国の退潮を加速させるだろう。米国の社会・経済のダイナミズムの源泉は多様性にある。米国のＩＴ先端企業の創業者や経営者には、インドや中国からの移民、あるいはその子孫が多い。野球やバスケットボール、陸上競技にはアフリカ系米国人のスター選手が多い。

米国は多様性を認め、個々人が得意とする分野で力を発揮し、富を手に入れることで成長してきた。

それがあったからこそ、移民が増え、人口が増加した。それとともに、工業からIT先端分野へ生産要素の再配分を進め、それを支える教育、人材育成にも取り組んだ。それによって、IT先端分野を支える専門人材やサービスが生まれ、経済が成長した。

人口増加の重要性を理解していたからこそ、オバマ前政権は親と一緒に不法に入国した子ども（ドリーマー）の強制送還を猶予した。トランプ氏はその廃止を重視したが、米国企業の経営者の多くがトランプ氏に反対している。

グローバル化への不満

トランプ氏が大統領に当選した背景には、グローバル化への不満がある。同氏を支持する白人労働者層を中心にグローバル化によって暮らしが苦しくなったとの意見が増えてきた。グローバル化によって、先進国の中間層は遠心分離器にかけられたかのように一部の富裕層と、その他大勢の低所得層にふり分けられてしまった。その結果、民主主義を支えてきた中間層の厚みがなくなり、ラストベルト地域を中心に社会と経済の状況に不満を抱く人々が増えた。そうした人々は、「海外から製造拠点を米国に連れ戻す」、「中国が米国との貿易で不当に利益を得ており、制裁関税によって対中貿易赤字を減らす」と主張するトランプ氏が、重厚長大な産業の復活をもたらすと期待した。本当に米国が鉄鋼業などのオールドエコノミーの復興を目指すのであれば、覇権国としての地位の退潮は一段と深刻化するだろう。

その他の経済政策に関しても、持続性の点で懸念が多い。２０１７年12月、トランプ政権は、景気が良好な状況で大型減税を実施し、一時的に経済成長率が高まった。景気が良好な環境での景気刺激策は本来必要ない。減税の財源も確保されなかった。反対に、同政権は、新産業の育成などによって持続的に米国経済の実力（潜在成長率）を高め得る政策を立案できていない。社会の分断が深まる中で、米国社会全体が将来に希望を持つことが難しくなっている。

このように考えると、米国に必要なのは、責任をもってグローバル化を推進しつつ、社会と経済全体の底上げを実現することだ。そのためには、規制緩和を進めるなど構造改革を推進し、ＩＴ先端分野の強化や、新しい成長産業の育成にヒト・モノ・カネが向かう環境整備が欠かせない。それと同時に、ドイツのシュレーダー政権が行ったように、職業訓練を強化し、失業給付期間の短縮化などによって人々の就業意欲を高めることができれば、従来よりも人々が変化に適応できる可能性は高まる。米国が覇権国としてリーダーシップを発揮し、世界各国からの信頼感を取り戻すためにも、米国自ら新しい取り組みを進め、新しい価値観を世界に示さなければならない。

しかし、トランプ氏にはその発想がない。同氏は、不満を解消するのではなく、不満を煽り、人種、宗教、政治思想などの面で社会の分断を深刻化させてしまっている。ＳＮＳ大手のフェイスブックではトランプ氏の投稿を静観する方針を示したザッカーバーグＣＥＯに一部従業員が反発し、辞職する事態に発展している。

外交面においても、トランプ政権は国際社会に混乱と対立を持ち込んだ。トランプ氏は欧米各国が外交を通して実現したイラン核合意からの離脱を表明し、キリスト教福音派の支持を取り付けようとした。その結果、敵の敵は味方のロジックに基づいて、イランはロシア、中国に支援を求め始めた。米国が重視するイスラエルは、イランと敵対するサウジアラビアとの関係を重視し、中東情勢が混乱してしまった。その状況が続けば、米国社会の分断が深刻化するだけでなく、国際社会における米国の孤立感すら高まるだろう。

2 〝一帯一路〟、〝中国製造2025〟と軍事力増強目指す中国

米国の退潮が加速化する中、中国は着々と覇権国の座を手に入れるための取り組みを進めている。まず、自国を中心とする広域な経済圏を整備し、自国の規格に基づいた5G通信機器や社会監視システムなどを導入してきた。それに加えて、海軍を中心に軍事（国防）の強化に取り組み、大型の空母を建造するなどして米国の覇権に対抗しようとしている。

中国の広域経済圏構想に関して理解を深めようとするなら、21世紀のシルクロード経済圏構想と呼ばれる〝一帯一路〟と、ＩＴをはじめとする産業振興策の〝中国製造2025〟が重要だ。前者の狙

いは、中国の通貨である人民元の流通範囲の拡大だ。それに加えて、自国で開発した情報通信の規格を各国に導入させ、需要の取り込みと支配力の強化を狙っている。2018年3月以降、米国が対中制裁関税を引き上げ、中国への圧力を強めたのは、そうした覇権強化の取り組みを止めるためだ。

また、中国は海洋進出を進め、ベトナムやフィリピンなどを従わせようとしている。中国は南シナ海の領有権を持つと一方的に主張し、2012年にはスカボロー礁（中国名・黄岩島）を軍事力によって実効支配し始めた。2016年7月にオランダ・ハーグの仲裁裁判所は中国の主張を否定したが、中国はその裁定に従っていない。今後も中国は経済と軍事の両面で影響力の拡大を進めるだろう。ただ、その取り組みが共産党政権の長期存続を支えるとは考えづらい。

一帯一路と中国製造2025の狙い

一帯一路の主な目的は、先述の通り人民元の流通範囲を拡大させることだ。中国は、わが国が米国からの要請に応じて円高を受け入れ、自国の市場を開放したことを教訓にしている。覇権国の圧力に屈しないためには自国通貨の為替レートをコントロールし、為替レートの変動が経済に影響しない環境を整備することが欠かせないと考えている。

そのためには、人民元建てで投資、消費、貿易、生産などの経済活動が行われる地理的範囲を広げられれば良い。その実現こそが一帯一路の狙いだ。さらに一帯一路に参画したいと考える国が増えるなら、人民元がドルに変わる世界の基軸通貨になり得るとの長期的な野望もあるはずだ。そのために、中国はＡＩＩＢから各国に融資を行い、市場の開放を求めた。

アジア新興国などにとってもインフラ開発のための資金調達は積年の課題だ。そのため、アジアやアフリカの多くの国が中国から融資を受け、インフラ開発を進めようとした。その結果、新興国は中国への債務を負い、中国からの影響力は強まった（債務の罠）。カザフスタンなど中央アジアでは人民元の取引市場整備が進んだ。

また、中国は製造業の競争力向上が国家の長期存続に欠かせないと考え、中国製造２０２５を提唱した。その背景には、旧ソ連が製造業の強化を軽視し、最終的には人々の心をつなぎとめることができなくなり、崩壊してしまったことがある。

中国は、ＩＴ先端分野や電気自動車（ＥＶ）など10の重点分野と23の品目を設定し、製造業の高度化に取り組み始めている。国家自ら需要を創造して経済成長の源泉を手に入れようとする発想は大胆かつ野心的であり、国家資本主義体制を象徴している。

そのために、中国は国有企業の経営統合を進めて世界シェアの高い企業を生み出した。それらに産業補助金を支給することで、急速かつ大規模に5Ｇ通信やフィンテック（金融とＩＴ先端技術を融合したビジネス）、産業用ロボット、ＡＩ（人工知能）、支配体制強化のための社会監視カメラシステムなどの開発を進めている。その結果、BATH（Baidu（百度、バイドゥ）・Alibaba（阿里巴巴集団、アリババ)・Tencent(騰訊、テンセント)・Huawei(華為技術、ファーウェイ))をはじめとする中国のIT先端企業が台頭し、米国のGAFAMとの競争が激化した。

人民元の流通範囲拡大を目指すために、中国製造2025は大きな役割を担っている。中国は紙幣ではなく、ネットワーク空間で発行や流通などの管理が行われる〝デジタル人民元〟の開発を急いでいる。デジタル人民元の利用が進めば、中国人民銀行は個人の資産保有額や、クロスボーダー取引の状況などを詳細に把握できる。それは、中国本土からの資金流出を食い止め、経済環境の不安定化を防ぐことに役立つだろう。

また、紙幣の管理には偽札の摘発や保管場所の確保などコストがかかる。そうしたコストを削減することは人民元の流通範囲の拡大を支える。そのために、中国は自国の規格に基づいた5G通信網の整備やITプラットフォーマーの成長を重視し、価格競争力の高いファーウェイの通信基地が各国に設置されてきた。

軍事力の強化に注力し続ける中国

中国が米国に代わる世界の覇権国の座を手に入れるためには、経済に加えて軍事面での強さも欠かせない。軍事力は国内の社会心理に共産党政権の強大さを示し、求心力を高めるために重要だ。また、中国は自国の打撃力を誇示することによって南シナ海の実行支配体制を敷き、力で各国を従わせようとしている。従えば支援する、そうでなければ力づくで恭順を求めるというのが中国の根本理念といえる。

なかでも、中国は海軍の強化に注力している。中国が空母の建造に注力していることはその象徴だ。2012年に、旧ソ連製の未完成空母であったワリャーグを改修し、初の空母である〝遼寧〟を就航させた。さらに、2019年には初の国産空母である〝山東〟が就航した。

2隻とも自力滑走のスキージャンプ方式(船首が反りあがり、航空機の自力推進力で発艦する方式)を取り入れている。技術面で中国は米軍などが用いるカタパルト方式を用いるには至っていない。スキージャンプ方式の場合、搭載機の数、および搭載できる武器に制約が生じる。中国は、そうした技術面の格差を縮めるためにも中国製造2025を推進しつつ、軍備増強を続けるだろう。

ただし、長期的に中国が軍事力を強化し続け、社会の安定を維持できるかは不透明だ。すでに、中国の国防費の増加ペースは、GDP成長率を上回っている。経済成長率が鈍化する中で相対的にコストがかかる海軍力の増強を続けることは難しくなる。

しかし習近平国家主席が軍部を掌握し続けるためには軍事力を増強しなければならない。それによって、米国への抑止力を高めるとともに、台湾、南シナ海、わが国への圧力を強めたいはずだ。コロナショックによって共産党指導部への批判や不満が高まったことを考えると、今後、中国はこれまで以上に海軍を中心に軍備拡張を進め、強国路線を歩むことによって国民の愛国心と共産党政権の威光を保とうとするだろう。

その一方で、中国経済は徐々に成長の限界を迎えている。中国経済を一言で表せば、まだら模様だ。中国では鉄鋼や石炭などの在来分野で過剰生産能力が増大し、不良債権問題が深刻化している。インフラ投資による人為的な成長率の押し上げも難しい。中国は成長期待の高いＩＴ先端分野と不良債権が増えている鉄鋼業などの弱い部分を併存し、一部腐った高級メロンのような側面がある。本来であれば中国は、構造改革を進めて不良債権処理（ゾンビ企業の淘汰）を進め、成長期待の高い分野に生産要素が再配分される環境を整備しなければならない。

しかし、成長率が鈍化し、コロナショックによって共産党指導部の求心力がする中で、人々に痛みを強いる改革を進めることはできない。わが国の経験をもとに考えると、先送りすればするほど、構造改革を進めることは難しくなってしまう。その結果、経済成長率は一段と鈍化し、人々の不満は募る。中国では少子化と高齢化の影響から社会保障制度を拡充しなければならないが、それに加えて、農村戸籍と都市戸籍による社会保障の格差問題も深刻だ。社会保障制度の改善と内容の拡充によって人々の不満を解消するために、財政支出は増えざるを得ない。そうした問題を抱えたまま、軍備を拡張し続けることはできないだろう。長い目線で考えると、いずれ、中国の軍備拡張は難しくなる恐れがある。

3 自由資本主義と国家資本主義の争い

米国はＩＴ先端分野を中心に世界の覇権を狙う中国の台頭に脅威を覚え、対中包囲網の整備に取り掛かった。その一つがＴＰＰ（環太平洋パートナーシップ）だ。２０１５年10月、日米など12カ国はＴＰＰ協定に関して大筋合意に至り、翌年2月に署名が行われた。ＴＰＰの目的は、米国が重視する自由資本主義の理念の下、加盟国間で貿易、投資、競争（労働市場の規制など）に関するルールを統一して各国の比較優位性を高め、互恵的な多国間経済連携を実現することだった。

ただし、ＴＰＰの成立は遅すぎた。２０１６年の米大統領選挙ではＴＰＰ離脱を掲げるトランプ氏が当選し、２０１７年1月に米国はＴＰＰから離脱した。その後、米国は各国との連携に背を向け、自国の利益を追求するために中国に制裁関税をかけ始めた。

当初、中国は米国の制裁関税に報復しつつ、国内の不良債権問題や過剰生産能力の解消に向けて構造改革を重視した。２０１８年の全人代（全国人民代表大会）において、10代の頃から習近平国家主席の友人と言われる劉鶴氏が国務院副総理に選出され、経済改革重視の布陣がとられた。

しかし、経済成長率が鈍化し続けることに共産党の保守派層は危機感を募らせ、習近平国家主席への批判が増えた。その結果、習氏は改革重視から補助金などを用いた国家資本主義体制の強化に転じざるを得なくなり、米国の自由資本主義体制との衝突が激化している。

改革重視から旧来の経済運営にシフトした共産党指導部

2018年3月以降、米国は貿易赤字の削減と、IT先端分野での覇権強化を阻止するために、対中強硬姿勢を鮮明にした。4月、米国政府は中国の通信機器大手中興通訊(ZTE)が米国のイラン制裁に違反したとして、米国企業との取引を7年間禁じる制裁を発動した。当時、米国の技術に依存していたZTEは経営破綻の危機に陥った。翌月には習氏自らトランプ大統領に制裁の解除を要請し、米国は制裁の見直しを表明した。その後トランプ政権は、米国の農業や工業製品の対中輸出を増やすために制裁関税を発動し、米中の通商摩擦が激化した。

当初、中国は報復関税と構造改革によって米国の圧力に対応しようとした。中国は米国が輸出拡大を重視した農産品などを手始めに報復関税を発動した。中国国内で共産党政権は、産業補助金政策を用いて高性能のICチップや人工知能の開発を強化し、供給サイドの改革も進めようとした。構造改革を重視する李克強首相や劉鶴副首相は、過剰生産能力と不良債権処理を進め、成長期待の高い分野に生産力が再配分されやすいよう構造改革を進めなければならないと考えた。その背景には、バブル崩壊後、不良債権処理と構造改革が遅れ、経済が長期低迷に陥ったわが国の教訓がある。当初、習国家主席は改革を支持する構えだった。

中国にとって想定外だったのは、米国との関税報復合戦が激化した結果、経済が急速に悪化してしまったことだ。個人消費、生産、投資ともに急速に冷え込んだ。サプライチェーンの寸断によって、輸出も落ち込んだ。構造改革の影響も重なり、中国の所得・雇用環境は悪化した。特に、経済成長目標の達成が出世に影響する地方の共産党幹部にとって、その状況は耐えられなかったはずだ。米中の通商摩擦が激化するとともに、共産党内部からは改革への批判とそれを容認する習氏への不満が目立ち始めた。

批判や不満に直面しつつも習氏は構造改革を重視した。それがあったからこそ、対米交渉の責任者である劉鶴副首相はトランプ政権の妥協点を見いだし、通商摩擦を休戦に持ち込もうとした。その結果、2019年4月末の時点で米中は、中国による知的財産権侵害、技術移転の強制、農業、貿易赤字など7分野、計150ページに及ぶ合意文書をまとめた。

にもかかわらず、5月上旬、習国家主席は一切の責任をとると表明し、文書を105ページに圧縮・修正し、一方的に米国に送り付けてしまった。当初、改革を重視してきた習氏は保守派からの激しい批判に会い、合意文書に署名できない状況に追い込まれてしまった。

中国の一方的な合意内容の破棄に激怒したトランプ大統領は、中国にさらなる制裁関税を賦課した。中国は米国の圧力に対応するために、補助金政策や財政出動を通した旧来の経済運営に回帰せざるを得なくなった。2019年5月の米中の決裂は、米国の自由資本主義と中国の国家資本主義の激突が一段の先鋭化に向かうターニングポイントとなった。

後戻りできなくなった習国家主席

その後、米中は通商協議を重ね、2020年1月15日に両国は第1段階の合意に至った。ただ、米国が求めてきた補助金政策の修正や停止など中国の国家資本主義体制の根幹にかかわる部分は合意文書に含まれなかった。中国は、トランプ政権が国内世論への成果誇示のためにこだわっていた農産物をはじめとする対米輸入を2年で2000億ドル増やすとした。2017年、米国の対中輸出が1863億ドルだった。その上、中国経済が減速していることを考えると、中国が対米輸入を増やすことは難しい。ある意味、中国は成果の誇示に焦るトランプ政権の足元を見て、交渉を有利に進めたといえる。

中国が補助金政策などに関する文言を第1段階合意に入れなかったことは、極めて重要な意味を持つ。つまり、中国は構造改革よりも、補助金政策を用いて党主導で経済を運営し、不良債権問題などの延命とIT先端分野の成長促進を目指す意思を固めた。その後、米国は中国のIT覇権を抑えるためにファーウェイへの制裁を強化したが、ファーウェイは補助金政策や中国国民による製品購入という支援を取り付け、競争力を維持した。その後も、中国は補助金政策を用いてIT先端分野の強化に注力した。

2020年入ると湖北省武漢市を震源に新型コロナウイルスの感染が世界各国に急拡大した。中国は、共産党指導部の指揮の下で感染の拡大を食い止めたとしているが、中国共産党政権への不信感、批判が高まる要因になった。

コロナ禍の中、中国の多くの村の入り口にはバリケードなどが設置され、外部からの侵入が阻止された。それは、中国共産党の指示ではなく、民衆が自分たちの命を守るために自主的にとった行動とみられる。さらに、２０２０年3月、共産党高官が武漢市を視察した際、市民が「全部嘘だ」と感染拡大を食い止めたと成果を誇示する共産党を批判したと報じられている。その背景には、共産党政権が強硬に人の移動を禁止したことへの批判や、感染の実態を隠しているといった不信感がある。従来であれば、共産党への個別具体的な批判が報道されることは少なかった。見方を変えれば、人海戦術とＩＴ先端技術を駆使して社会の不満を抑え込んできた中国共産党の社会統治力にはほころびが出始めている。

国家資本主義体制を強化して共産党保守派や軍部などの不満解消に取り組もうとした習氏にとって、その状況はかなりの危機感を覚えるものであるはずだ。そのあたりから、習氏の表情からは、勝ち誇ったかのような自信が色あせ、徐々に自らの支配・権力体制への不安などの心理が表れ始めたように見える。

今後の展開には不確定な要素が多いものの、習政権は後戻りできなくなってしまった。共産党の一党独裁を維持するために、補助金政策を軸とする国家資本主義は強化するしかない。米国はそれを問題視し、ファーウェイへの制裁を強化するなど中国への圧力を強めるだろう。自由資本主義と国家資本主義の対決色はますます強まる。

中国国内では人々が共産党支配への不満を募らせ、自由への渇望が強まるだろう。共産党政権はそうした不満を公安の力によって抑え、共産党内の汚職撲滅を強化して民主の不満に配慮し、さらには軍事力の強化によって求心力を維持しようとしている。現状、習政権にとって内外に対して強さを示す以外に、自らの指導力を誇示する術が見当たらない。それが続けば続くほど、人々は習体制への不満を募らせるだろう。

4 IT、電機自動車など先端分野の力をつける中国

経済成長率の鈍化、米中通商摩擦の激化、さらにはコロナショックの発生によって習近平国家主席の権力基盤は揺らいでいる。その一方で、中国が世界経済に与える影響力は依然として大きい。

その理由の一つが国家資本主義体制の影響力だ。国家資本主義体制の特徴は、企業の操業コストの低さだ。中国では土地が国によって所有されている。そのため共産党政権は国有企業などに対して工場用地などをかなり有利な条件で提供できる。その時点で、わが国や米国の企業など、自由資本主義体制の下で事業を行っている企業とはかなりの差がある。さらに、中国は産業補助金を支給すること

で企業の研究・開発を支援している。

また、中国は米国に比肩する、あるいはそれを超える規模を持つ消費市場を持っている。それだけに、各国企業にとって中国市場へのアクセスは収益獲得に欠かせない。そのため、中国の産業政策は各国企業の戦略にかなりの影響を与える。国家資本主義体制を強化し、先端分野での競争力向上に取り組む中国は、世界の政治と経済に大きな影響力を持っている。

コスト面を中心に優位性を発揮する中国ＩＴ先端企業

中国企業の強みの一つは、コストの低さにある。それは、５Ｇ通信機器をはじめとする通信機器の世界最大手ファーウェイの競争力を考えるとよくわかる。１９８７年に創業されたファーウェイは、元人民解放軍の技術者だった任正非氏（現ＣＥＯ）が創業した。その後、ファーウェイは政府からの補助金だけでなく、信用供与、税の優遇などを受けてきた。１９９９年には、脱税疑惑が浮上したものの、政府の介入によって難を逃れたと報じられている。その上、２０１４年以降、中国政府は通常よりも10～50％低い価格で国有地をファーウェイに提供した。ファーウェイはその土地に研究開発拠点建設し、５Ｇ通信機器などの研究開発を進めたとみられる。

政府からの援助によって、ファーウェイのコスト負担は日米欧の企業などに比べて圧倒的に低い。

その分、同社は製品の価格を引き下げ、顧客の要望にも柔軟に応じることが可能だ。5G通信基地局の価格は、欧米の競合企業の製品よりも2～3割低いといわれる。それに加えて、品質面でも問題ないとの評価は多い。それは、欧州やアジア各国が5G通信インフラを整備するために同社の基地局を購入した大きな理由だろう。

さらに、ファーウェイの競争力はその経営風土にも支えられている。米国メディアは、ファーウェイの社風が人民解放軍のように厳格かつ苛烈であると報じている。任正非氏はファーウェイを〝飢えた狼〟に例え、力を合わせて立ち向かうことで、強く大きな敵を任すことができると従業員に徹底した奮闘を求めている。深センにある同社の研修施設で新入社員は、朝からランニングを課され、ファーウェイ創業来の経営哲学などを叩き込まれる。それによって、勝利も、敗北も組織一丸となって受け止める、会社に尽くす人間は見捨てないという、徹底した一体化と成長へのコミットメントが醸成される。そうした価値観が従業員一人一人の競争心などを刺激し、新しい技術開発が進められている。

また、ファーウェイは海外の大学への研究資金提供を強化している。それによって、低コストで、高品質の通信機器の開発・生産力に磨きをかけている。米国では、ファーウェイの資金提供が技術を流出させているとの懸念を強めているが、寛大に研究資金を提供するファーウェイは、多くの研究者にとって魅力的な支援者に映るはずだ。言い換えれば、中国は国家資本主義体制のもとで人々のアニマルスピリットを活性化し、グローバルかつオープン・イノベーション体制を整備して技術を吸収している。

そうしたファーウェイの姿勢が、中国のＩＴ先端分野での競争力を支えている。中国の半導体やデバイス生産などの技術力は発展途上にあるものの、ソフトウェア開発力に関しては米国を凌駕するほどの勢いがある。２０２０年６月、米商務省はファーウェイへの禁輸を続ける一方で、ファーウェイが参加する５Ｇ通信の国際基準策定に関する議論に米企業の参加を容認した。それは、米国にとってファーウェイの技術力が無視できなくなっていることの裏返しだ。米インテルがアリババ傘下のアント・フィナンシャルと、またクアルコムが京東方科技集団（ＢＯＥ）と業務提携を行っていることなども、米国にとって中国のソフトウェア開発力の重要性が増していることを示している。

世界の自動車業界を大きく変える中国のＥＶ普及策

技術開発面の成長に加えて、中国が世界最大規模の消費（流通）市場であることも見逃せない。２０１９年、中国の新車販売台数は２５７６・９万台で世界トップだった。経済成長率の鈍化や補助金政策の終了から2年連続で中国の新車販売台数は前年実績を下回ったが、依然としてその市場規模は大きい。世界各国にとって、中国市場で有利な競争ポジションを手に入れることは、中長期的な成長を左右する。

中国政府が電気自動車（ＥＶ）をはじめとする新エネルギー車の普及を重視し始めたことは、各国の自動車開発を大きく変えた。中国のＥＶ市場では過剰供給能力の深刻化などの問題が顕在化しているが、ここではまず、中国がＥＶを重視し始めたことによって世界の自動車業界にいかに大きな影響があったかを確認する。

中国では、自動車の普及とともに大気汚染が深刻化した。かつてのわが国も経験したように、大気汚染問題は人々の生命を脅かす。人々が安心できる生活を目指して、中国はレシプロエンジンを搭載した自動車の普及を減らし、ＥＶなど二酸化炭素の排出量が少ない新エネルギー車の販売を増やそうとした。既存の工業製品の規格を国家主導で大幅に変え、新しい市場の創出を急ピッチで進めることができるのも国家資本主義体制の強みだ。

あたかも、「右へ倣え」の号令がかかったかのように世界全体でＥＶ開発が加速化した。メルケル首相のトップセールスによって対中関係を強化してきたドイツでは、フォルクスワーゲンが中国でのＥＶ販売の引き上げに注力し始めた。２０１８年、上海市にてフォルクスワーゲンはＥＶ専用工場の建設に着手した。ディーゼルエンジンの排出ガスデータ不正問題で購入者への賠償を課された同社にとって、中国のＥＶ市場創出はまさに〝渡りに船〟だった。日米欧の大手自動車メーカーなどが中国のＥＶ需要に対応するために、現地企業との提携や合弁会社の設立を進めている。

それに加えて、ＥＶの普及は自動車の社会的な性格をも変える。レシプロエンジンを搭載した自動車には３～５万点もの部品が用いられ、精緻なすり合わせ技術が求められる。日独はその分野で競争力を発揮してきた。しかし、ＥＶの場合、部品数が半分程度で済んでしまう。すり合わせ技術の重要性は低下し、バッテリーの性能を中心に、自動車はデジタル家電のような組み立て型産業へ変貌する。バッテリーやパワー半導体など、自動車向けのＩＴ先端分野の需要が生み出され、自動車は移動の手段から動くＩＴデバイスとしての性格を担い始めた。その考えを表すのが〝ＣＡＳＥ〟だ。ＣはConnected（ネットワーク空間との接続）、ＡはAutonomous（自動化）、ＳはSharedあるいはService（シェアリング、サービス）、ＥはElectric（電動化）を指す。

ＥＶに欠かせないバッテリー分野では、世界最大手である中国の寧徳時代新能源科技股（ＣＡＴＬ）の存在感が大きい。ファーウェイ同様、ＣＡＴＬは政府の支援を取り付け、急速に技術力と生産体制を強化した。同社は米ＥＶメーカーのテスラや独ダイムラーなどにバッテリーを供給している。ＥＶ開発競争の激化に対応するために、中国のＥＶ大手企業の比亜迪（ＢＹＤ）は、半導体メーカーとしての競争力を高めようとし始めた。また、BATH（バイドゥ、アリババ、テンセント、ファーウェイ）はＣＡＳＥを念頭に自動車向けのソフトウェアを開発に注力している。このように考えると、中国企業が、国家の強大な支援によって先端分野の競争力の向上に注力していることは見逃せない。

5 先鋭化するGAFAM対BATHの競争

近年、米国と中国は世界のＩＴ覇権をめぐって争いを続けてきた。その象徴が米国のGAFAM（Google、Apple、Facebook、Amazon、Microsoft）と、中国のBATH（バイドゥ、アリババ、テンセント、ファーウェイ）の競争だ。

重要なことは、GAFAMとBATHが米中両国のイノベーション推進のけん引役となり、高性能の半導体、ブロックチェーンなどのネットワークテクノロジー、人工知能（ＡＩ）、社会監視システムなど様々なＩＴ技術が実用化されたことだ。それによって、需要が創出され、経済は成長した。ＩＴ先端分野での覇権を握る国は、グローバル競争を有利に進めることができる。具体的には、自国の事情に応じた通信規格を設定し、それを他国に導入させることなどが考えられる。

中国はソフトウェア開発などにおいて急速に力をつけている。監視カメラやフィンテック（金融とネットワーク技術を融合したビジネス）などの分野では、米国よりも中国に競争優位性があると考えられる部分がある。新型コロナウイルスの感染拡大への対応に関しても、中国は社会監視システムを総動員することなどによって人の移動を徹底して抑え、感染拡大を食い止めたといわれている。

中国の規格に基づくＩＴ先端技術、デバイスの普及は、覇権国・米国の地位を脅かす。突き詰めていえば、ＩＴ分野での覇権強化は、国家の安全保障にかかわる。米国はBATHをはじめとする中国

ＩＴ先端企業の台頭を阻止すべく、圧力をかけ続けるだろう。

米国経済を支えたGAFAM

２００９年7月から景気回復期に移行した米国では、シェールガス開発の進行によって緩やかに雇用・所得環境の回復が進んだ。その後、経済のけん引役はエネルギーからＩＴ先端企業に移行した。特に、スマートフォンの登場は米国と世界経済に大きな影響を与えた。

アップルは、故スティーブ・ジョブズの指揮によって iPod に次ぐヒット商品である iPhone を生み出した。スマートフォンは他の企業も多く生産しているが、以下ではその象徴である iPhone に焦点を絞りたい。

iPhone の登場は、人々の生活だけでなく、世界の経済を大きく変えた。アップルは、自社でデバイスを生産するのではなく、台湾の鴻海（ホンハイ）精密工業傘下の中国企業であるフォックスコンに iPhone などの生産を委託した。工場を持たないビジネスモデルを〝ファブレス〟という。アップルはファブレスのビジネスモデルを構築することで、生産機器の設置や管理、労働者の確保にかかるコストを抑え、高付加価値のデザインやソフトウェアの開発に注力することができる。その一方、中国はアップルの製品を生産するための雇用を生み出すことができる。さらに、ファブレスは、中国はアップルがどのようなテクノロジーや技術を用いているかを吸収する機会にもなった。その結果、米国のＩＴ先端分野でのイノベーションが進み、世界経済全体がその恩恵を享受できた。主なイノベーションには以下がある。

iPhoneの登場以降、フェイスブックをはじめとするＳＮＳ（ソーシャル・ネットワーキング・サービス）が登場し、人々のデータが蓄積されるようになった。ＳＮＳはシェアリング（共有）サービスなどのプラットフォームとしても用いられ始めた。また、人々がネット空間にアクセスする時間が増えた結果、グーグルなどの広告やクラウドコンピューティングのプラットフォーマーの重要性も高まった。グーグルはアンドロイドＯＳを普及させ、世界のスマートフォン市場の85％ものシェアを握っている。また、マイクロソフトはワードやエクセルを中心とした有償ソフトウェアビジネスから、クラウドコンピューティングの事業に注力し、ビジネスモデルの変革を遂げた。スマートフォンが普及し、世界の人々がネットワーク空間と常時つながるようになる中で、アマゾンはＥＣ（電子商取引）のプラットフォームを強化し、さらにはクラウドコンピューティング事業を強化し、自前で世界各国に物流網を整備してエコシステムの拡大に取り組んだ。

以上のように、GAFAMがネットワークテクノロジーを駆使して自社のビジネスモデルの変革を進めた結果、新しい需要（サービスやモノ）が生み出され、経済が成長した。それは、企業にも大きな影響を与えた。その一つがＩｏＴ（Internet of Things）だ。ＩＴ企業の成長とともに賃金が緩やかに上昇した結果、世界全体で物流や飲食などのサービス業を中心に〝人手不足〟が深刻化した。

人手不足に直面した企業はＩｏＴなどの先端技術を用いて省人化に取り組んだ。画像をデータ化して処理するために、ＧＰＵ（画像処理半導体）の需要が急速に高まり、米エヌビディアなど多くの半導体企業の価値も上昇した。ソニーの画像処理センサ（ＣＭＯＳ）などの需要も高まった。そうした技術を用いて、多くの生産現場に産業用ロボットが導入され、人工知能を用いた生産プロセスの管理などが進められた。その結果、企業は資本の生産性を実現した。

米国を中心に企業はさらなる株価上昇を目指して、低金利下で社債などを発行して資金を調達し、それを自社株買いに用いた。その結果、２０２0年2月上旬まで世界の株価は最高値圏で推移した。

BATHの台頭

リーマンショック後、資本の効率性が低下した中国共産党にとって、ＩＴ先端分野の育成は経済成長を実現し、求心力を保つために欠かせない要素となった。中国はBATHをはじめとするＩＴ先端企業の成長を重視した。

中国共産党は、人々が自由への渇望を高めることを恐れ、グーグルなど米国のＩＴサービスを認めていない。海外の技術を用いつつも、中国は半導体などの国産化の実現に注力している。その一方で、米国としては世界最大規模の消費市場である中国の市場にアクセスしたい。その結果、GAFAMと

BATHを対立軸に、ＩＴ先端分野での米中の覇権国争いが先鋭化した。

BATHの関係を簡単に示すと次のようになる。まずＨ（ファーウェイ）がスマートフォンや５Ｇ通信機器を生産し、中国を中心に普及が進む。それを用いてＡ（アリババ）のＥＣや金融サービス、さらにはＳＮＳ、Ｔ（テンセント）のゲームやＳＮＳ、Ｂ（バイドゥ）の検索や広告サービスが普及する。

中国がBATHをはじめとするＩＴ先端企業の成長を重視した大きな理由は、雇用の創出だ。海外メディアの報道では、アリババ傘下の通販サイト〝淘宝網《タオバオ》〟は、３７００万人の雇用を生み出したと推計されている。それは、鉄鋼や石炭など重厚長大な産業から成長期待の高い（より多くの賃金が手に入ると期待できる）産業に経営資源を再配分し、人々が成長を実感する（共産党のいうことを聞くといいことがあると信じる）ために欠かせない。

そのために、中国共産党はＩＴ先端企業への影響力を強めた。BATHの創業者が共産党員であることは、中国のテック企業が共産党と切っても切れない関係にあることを示している。つまり、国家資本主義体制の下で中国は自国内のＩＴ企業同士の連携や競争を進めてイノベーションを発揮することで先端分野における成長性を高めようとしている。

中国にとってGAFAMに対抗しうる企業の育成は、社会統治のためにも欠かせない。中国は〝天網〟と呼ばれる社会監視システムの構築に取り組んだ。天網を用いることで当局は、自動車のナンバー照合や顔認証技術を用いて犯罪者などの検挙につなげている。つまり、ネットワークテクノロジーによって、人々の行動が常に当局に監視されている。

監視システムの整備に中心的な役割を発揮しているのが、ハイクビジョン（杭州海康威視数字技術）やダーファテクノロジー（浙江大華技術）などの防犯カメラメーカーだ。また、画像処理技術を開発するセンスタイム（商湯科技開発有限公司）も社会監視網の整備に重要な役割を果たしている。米国はそれらの企業が新疆ウイグル自治区でのウイグル族の弾圧に用いられているとして制裁を課した。8月13日には、米トランプ政権がファーウェイ、通信機器大手の中興通訊（ZTE）、ハイクビジョン、ダーファに加えて無線機大手の海能達通信（ハイテラ）の5社の製品を扱う企業と政府機関との取引を禁止した。その他の企業に関しても中国の影響を受けていると判断されれば米国から締め出される。また、トランプ政権は、中国のSNSアプリであるティックトックやウィーチャットとの取引を禁止する大統領令を出し、中国のIT機器およびサービスを自国の陣営から締め出そうとしている。9月15日に米国商務省はファーウェイへの輸出規制を発効し、同社が米国のソフトウェアや技術を用いて生産された半導体を調達することを事実上遮断した。

そうした米国の圧力に対して、中国は〝中国製造2025〟を推進し半導体自給率の向上の実現などによって対抗する。すでに中国政府は半導体受託製造企業である中芯国際集成電路製造（SMIC）などに補助金を支給し、人材育成やその獲得、研究開発体制の強化などへの支援を強化している。さらに、BATH各社は自社の研究体制を強化し、高性能のICチップの開発に注力している。生産面で中国は台湾や韓国に依存しているものの、地方政府のバックアップなどを取り付けて、福建省晋華集成電路（ＪＨＩＣＣ）や清華紫光集団がＮＡＮＤ型フラッシュメモリやＤＲＡＭの生産体制を整備している。それらの企業は、半導体生産に強みを発揮してきた台湾企業などから技術者を高給で雇い、自社の生産能力引き上げに注力している。

このように考えると、GAFAMとBATHの競争が激化するにつれて、米中が世界のヒト・モノ・カネの奪い合いが先鋭化している。その典型例が、台湾と韓国だ。中国共産党は、補助金政策をさらに強化して優秀な人材を確保し、自国への技術移転を急速に進めようとするだろう。その上で中国は自国内で必要な生産要素を生み出せる体制を整えたいはずだ。

米国が先端分野での中国の台頭を阻止するためには、本来であればオープン・イノベーションが目指される環境を整備し、世界中の生産要素を引き寄せる環境を整えなければならない。しかし、トランプ政権は規制緩和や構造改革よりも、対中制裁によって力づくで中国を抑え込もうとしている。米国の圧力に中国は反発する。ＩＴ先端分野での米中の覇権国争いは一段と激化するだろう。

第4章

今後の米中関係の展開予想

1 切っても切れない＝相互依存度高まる米中

前章まで、米国の退潮が進む一方で中国が次なる覇権国の候補として台頭してきたことを示した。今後の米中の覇権国争いの展開を考えた時、短期と中長期の時間軸に分けて考えることが重要だ。短期的に米中の対立は一段と激しさを増す可能性がある。

ただし、中長期的に考えると、米中は完全に決裂することはできないだろう。重要なことは、米国を中心に経済のグローバル化が進んだ結果、米国と中国の相互依存度が高まっていることだ。それは非常に重要なポイントだ。どういうことかといえば、米中の覇権国争いは、かつての米ソ冷戦とは全く異なる。米ソは両国間の関係を断ち、資本主義と社会主義の対決色は鮮明だった。ソ連はワルシャワ条約機構や経済相互援助会議（コメコン）の設立によって衛星国を厳しく統制し、西側陣営と対立した。

その一方で、中国は旧ソ連のような徹底した計画経済ではなく、社会主義と資本主義をうまく組み合わせ、さらには中国人の強烈なアニマルスピリットを駆り立てることで競争原理を発揮し、成長分野に生産要素を再配分してきた。中国は経済成長のために米国をはじめとする先進国企業の進出を重視し、その見返りに技術の強制移転を求めてきた。米国などは、技術移転の問題を懸念しつつも中国の消費市場にアクセスするために中国進出を止められない。すでに米国企業にとって中国企業はお得意様だ。米中経済は持ちつ持たれつの関係にある。それゆえ、米中首脳が本気で関係を断つことはできないだろう。

ファーウェイ制裁に慌てた米国企業

米中の相互依存度を考えるための良いケーススタディーが、米国が中国の通信機器大手ファーウェイに制裁を課したことだ。要点は、経済面での取引関係が遮断されれば、米中両国ともに傷ついてしまうということだ。

2019年5月、米国商務省は、ファーウェイが米国の国家安全保障への懸念要因であるとして〝エンティティー・リスト（輸出管理法に基づいて安全保障や外交政策上懸念があるとみなされた企業の一覧）〟に加えた。エンティティー・リストに掲載された企業に対して輸出を行う場合は、商務省の個別審査が必要だ。原則として、商務省は審査を却下するため、ファーウェイのエンティティー・リスト掲載は事実上の禁輸措置を意味する。なお、米商務省は海外企業が製品やサービスをファーウェイに提供する場合に関しても、米国の技術やソフトウェアが最終製品の25％超を占めると制裁に抵触すると定めた。

それが中国に与えた影響を確認しよう。商務省の制裁強化に関して、英国の半導体設計大手のアーム・ホールディングスはファーウェイとの取引を一時停止した。同社は2004年に買収した米国企業の知的財産を活用している。

アームの発表は中国を動揺させた。なぜなら、ファーウェイがスマートフォンに搭載していたICチップの〝キリン〟は、アームから購入した設計図を用いて開発されたからだ。米国の技術を必要としていた中国は、習近平国家主席自ら米国のトランプ大統領に制裁の緩和を要請した。しかし、8月に米国政府は保守などの一部取引を認めた一方で、ファーウェイの関連企業をエンティティー・リストに追加し、制裁を強化した。

中国では米国の制裁強化への対応措置が急ピッチで進んだ。ファーウェイは半導体の在庫積確保や、自前のスマートフォンOSである〝鴻蒙（ホンモン）〟の開発を進めた。また、中国は米国の知的財産への依存から脱却に取り組んだ。アリババなどが半導体設計の研究を強化してその成果を公開し、中国企業各社がアクセスできるソースが整備された。

その後、2019年10月にアームはファーウェイ向けの供給を続けると発表した。また、ファーウェイが最大顧客であるアームの中国合弁企業は、急速に陣容を拡大した。その背景には、先行きが不透明な中で、できるだけの技術を吸収したい中国の思惑があったはずだ。2020年に入ると、アームは不適切な行為が確認されたとして、中国合弁企業のトップの解任を発表した。それに対して、合弁側は解任を否定した。

その理由は、合弁企業がアームの知的財産にアクセスできるからだ。言い換えれば、中国は、オープンソースで半導体設計技術の開発を進めてはいるものの、依然として米国などの知的財産を必要としている。当面は、活用できるだけ活用したいのが中国側の本音だろう。

次に、米国企業の観点から制裁の影響を考察する。2020年5月に米国政府がファーウェイへの禁輸措置を強化した際、多くの米国企業が慌てふためき、制裁を逃れる術がないか調査し始めた。インテルやクアルコムなどは年間1兆円を超える半導体などをファーウェイに供給している。米国が中国市場にアクセスできなくなれば、ＩＴ先端分野の中核である半導体分野でのシェアは低下し、世界の覇権国・米国の地位そのものが低下する恐れがある。米ボストン・コンサルティングは、米国が中国との取引を失った場合、米半導体企業の世界シェアは現在の48％から、将来的に30％まで低下する可能性があると分析している。米国政府がファーウェイをはじめ中国企業への制裁を強化すれば、米国経済も傷つく可能性が高い。

また、米国の半導体ＥＤＡ（回路自動設計）ソフト業界では、ファーウェイ以外の中国顧客を開拓するケースも出始めた。ＥＤＡ大手のシノプシス経営陣は、「制裁に対応しつつも中国での成長は続いている」と述べている。米国にとって中国企業は重要な顧客であり、中国にとっても米国の技術は欠かせない。

中国の金融システム安定を支えるドル覇権

米中の相互依存は金融分野にも当てはまる。中国は外貨準備資産として米国債を保有している。米国にとって、中国による米国債の保有は自国の財政赤字をファイナンスするために重要だ。

一方、中国にとっても米国債の保有を止めることはできない。中国は人民元の流通範囲の拡大に取り組んではいるが、通貨の信認度というレベルではドルにかなわない。つまり、ドルの信認の高さが国際通貨・金融システムの安定を支え、それが中国の金融市場の安定にも無視できない影響を与えている。債務問題（灰色のサイ：多くの人がリスクと認識しているにもかかわらず、対応が難しいほど大きくなった問題をいう。）が深刻化し、資本流出を何とかして食い止めたい中国にとって、ドル覇権が世界の金融システムを支えていることは重要だ。

2020年1月末以降、世界は基軸通貨・米ドルの信認がいかに高いかを確認した。1月30日にWHO（世界保健機関）が緊急事態宣言を出してから4月末までの間に、新興国からは1000億ドル（約10.7兆円）の資金が流出した。特に、3月中旬には新型コロナウイルスの感染拡大が世界経済を大きく冷え込ませるとの懸念が高まり、世界の金融市場は大きな混乱に陥った。

金融市場の混乱を収束させたのはFRBによるドル資金供給だった。3月19日、FRBは新興国を含む9カ国の中央銀行とスワップ協定を締結し、ドル資金を供給した（中国は含まれていない）。それは、債務の返済などにドル資金を必要としていた新興国の資金繰りを支えることに大きく貢献した。さらに、3月31日、FRBは200を超える中央銀行などに基軸通貨ドルを供給し始めた。それによって、世界の通貨・債券・株式の市場は落ち着きを取り戻した。

世界全体でドル不足への懸念が解消されたことは、ドル建をはじめ外貨建ての債務が増加してきた中国企業の資金繰りを支えた。3月に米FRBが行ったドル資金供給は、米ドルが世界の通貨の王であることを世界に示したといってよい。

コロナショックによって世界の金融市場が混乱する中で、新興国や世界の主要投資家は、各国の対中返済負担が増加するとの懸念を高めた。その状況下、中国が人民元を世界の基軸通貨に育てたいとの野望を強く持っていたのであれば、中国はそうした懸念を解消する取り組みを提示してよかったはずだ。しかし、実際にはそうならなかった。

むしろ、中国は自国の対応に手一杯だったように見える。中国共産党は国内の中小企業の資金繰り支援に奔走し、人民銀行（中央銀行）はそのための資金供給に注力した。３月中旬の米中中央銀行の行動を評価すると、ＦＲＢは世界の基軸通貨であるドルの信認の維持と強化に、かなりのコミットメントを明確に示した。まさに、米国は世界の覇権国として、基軸通貨の信認を保つことに責任を果たした。一方、中国に関しては、あくまでも自国の金融システムの安定を重視していることがはっきりした。

このように考えると、世界の投資や貿易取引の決済に用いられる基軸通貨としてのドルの覇権はあまりに大きく、強い。グローバル化の推進を支えた米ドルの覇権は今後も続くだろう。新型コロナウイルスの発生によって、ドルの覇権は一段と強化されたといえる。基軸通貨としての信認の高さが世界の覇権国の条件であることを考えると、早晩、中国が米国に変わる世界のリーダーになるとは考えづらい。中国が債務問題の延命を目指すためにも、ＦＲＢによるドル資金供給や低金利政策は重要だ。また、中国は、米国から技術を吸収してＩＴ先端分野の成長強化に取り組むだろう。今後も、米中の相互依存度は高まるだろう。

2 すでに限界に達した中国経済の成長

今後の米中関係を考えるうえで、中国の経済が〝成長の限界〟を迎えたことは軽視できない。リーマンショックまで、中国経済は輸出によって高い成長を遂げた。その背景には、中国の農村部から都市の工業地帯へ、安価な労働力が流入し、〝世界の工場〟としての中国の地位が確立されたことがある。

リーマンショックの発生によって世界経済は大きく低迷した。２００９年の世界の経済成長率はマイナス０・１％に落ち込んだ。その結果、中国は輸出によって経済成長を目指すことが難しくなった。共産党政権は、一党独裁体制を維持するために求心力を保たなければならない。そのために、経済成長率の維持・向上は欠かせない。中国共産党政権が目を付けたのが、「投資」だ。

２００８年11月、投資によって経済成長率を押し上げるために、４兆元（邦貨換算額で57兆円）の経済対策を打ち出した。それによって、中国は道路や鉄道などのインフラ投資を進めただけでなく、農村部への家電製品や自動車の普及促進を目指した。

しかし、未来永劫、経済が成長し続けることはあり得ない。中国は、公共事業を重ねた結果、必要とされる以上のインフラなどを生み出し、資本の効率性が低下してしまった。その結果、中国経済は成長の限界を迎えている。

中国経済を下押しする過剰生産能力と債務問題

リーマンショックの発生によって、世界の金融市場は大混乱に陥り、日米欧を中心に消費者や投資家の心理は急速に冷え込んだ。その結果、世界経済全体が縮小してしまった。わが国では崖から突き落とされたかのような勢いでモノの生産が減少した。中国は輸出を増やして外需を取り込むことが難しくなった。

中国は投資によって公共事業などを増やし、生産や雇用の増加を目指し始めた。そのために中国政府は4兆元の景気対策を実施した。それは、中国経済の成長のけん引役が輸出から投資にシフトしたことを象徴している。

その結果、中国国内では鉄鋼、アルミニウム、セメントなど基礎資材の生産能力が急速かつ大幅に増強された。２０１１~２０１３年の3年間に中国が生産したセメントの量は、20世紀米国の生産量を超えたといわれるほど、中国の生産能力は急拡大した。

こうした過剰投資の背景には、中国共産党内の出世争いが強く影響している。毎年、共産党指導部は経済成長率目標を設定する。その目標を達成できたか否かが地方の共産党幹部の出世に響く。そのため、地方政府は財政支出を増やしてインフラ開発などを大規模に進め、党が掲げた成長計画を実現しようと必死になる。それが、生産能力の肥大化につながった。

さらに、債務問題も深刻化した。共産党政権は地方政府の財政均衡を重視し、銀行から融資を受けることや地方債の発行を認めてこなかった。中国の地方政府はインフラ投資のための資金を調達するために〝地方融資平台〟と呼ばれる投資会社を設立し、地方融資平台が債券を発行して資金調達を行うことによって、必要な資金が確保された。

問題は、中国政府がインフラ開発をはじめとする投資に変わる経済成長の源泉を創出できなかったことだ。リーマンショック後、中国政府は基本的には景気の回復と減速にあわせてインフラ投資の規模を調整し、景気を落ち着かせようとした。しかし、いつまでも鉄道や道路への需要が増えるわけではない。需要はいずれ飽和する。

それにもかかわらず、中国共産党は必要とされる以上のインフラ投資を行ってしまった。その結果、鉄鋼をはじめ中国の過剰生産能力の問題が深刻化し、債務残高も膨張してしまった。さらに、中国は不動産市場のバブルにも対応しなければならない。ＩＴ先端分野という成長期待の高い分野がある一方で、中国は過剰生産能力、および、〝灰色のサイ問題〟と呼ばれる過剰債務問題という深刻な構造上の問題を抱えている。

この状況は１９９０年代初頭にバブルが崩壊して以降、１９９７年まで公共事業の積み増しによって雇用の保護を優先したわが国の状況に似ている。わが国の教訓から得られることは、社会インフラの整備が一巡した状況において、追加的に公共事業を積み増しても、経済の持続的な成長を目指すことはできないということだ。過剰生産能力と過剰債務問題が深刻化する中で公共事業を増やそうとすれば、その二つの問題は一段と深刻化してしまう。

資本の効率性の低下

その結果、中国経済において資本の効率性は低下した。それは、投資によって経済成長を高めようとしてきた中国が成長の限界に直面したことを意味する。特に、２０１７年秋の党大会終了後に公共事業の一部が中断された後、中国経済の減速は鮮明となった。

本来であれば、中国は不良債権処理と規制緩和などの構造改革を進めることによって、既存の産業から先端分野に経営資源が再配分される状況を整備しなければならない。ただし、不良債権を処理すれば企業の倒産が増加し、失業者が増えてしまう。すでに中国の炭鉱では賃金の未払いなどに不満を抱く労働者がデモを起こした。その状況の中で失業が増えれば、社会心理は一段と悪化してしまう。中国共産党はその展開を避けるために、構造改革よりも、財政出動を通した公共事業の積み増しなどを重視せざるを得なくなっている。

その結果、本来であれば必要とされない鉄道や道路が延伸され、事業の採算性が低下する。つまり、公共工事を続ければ続けるほど不良債権の予備軍が増えるという悪循環に中国は陥っている。

さらに、米中の覇権国争いが状況を一段と厳しくさせている。２０１９年5月以降、中国共産党政

中国のGDP成長率の推移　　データ出所：中国国家統計局

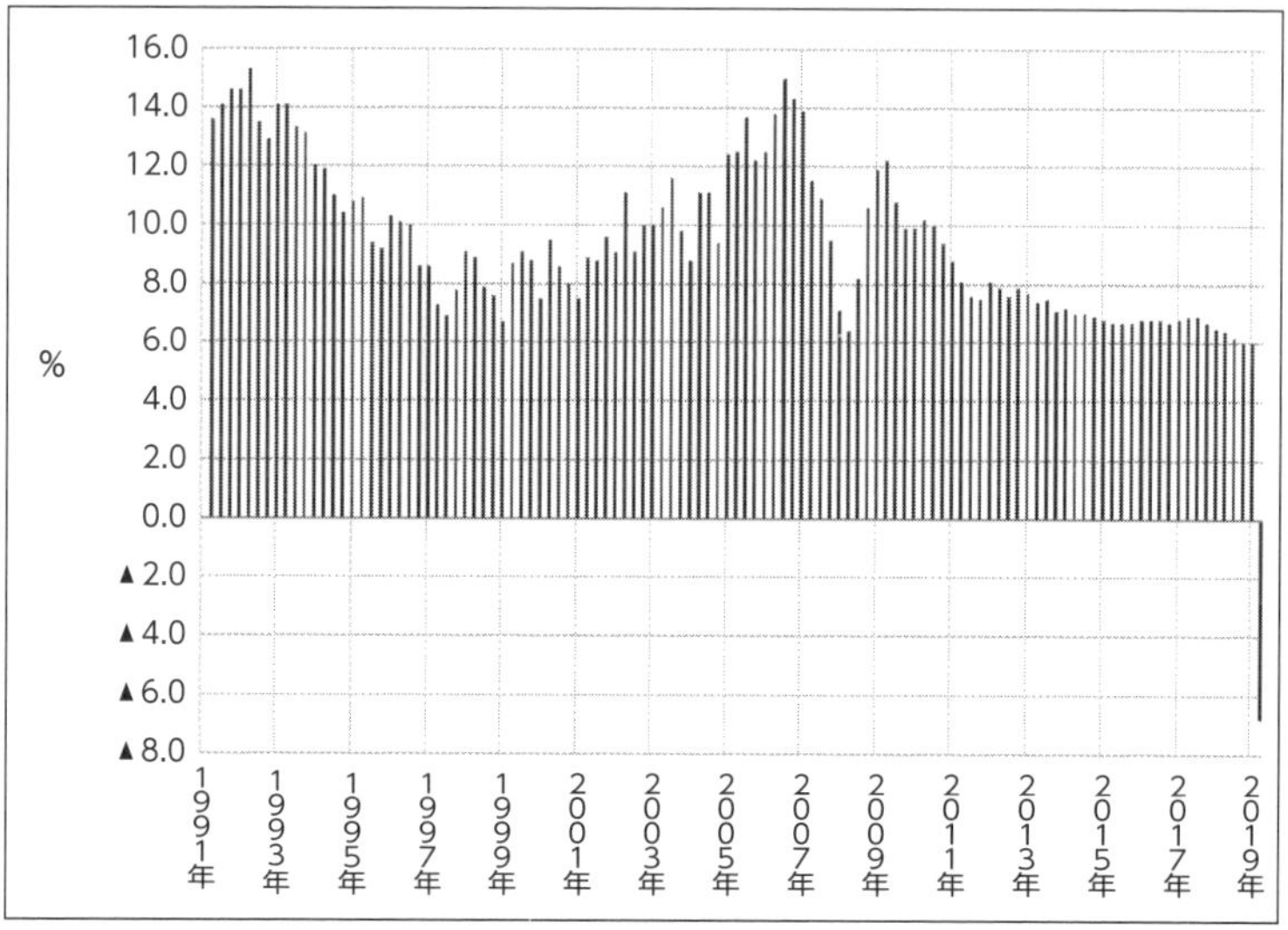

権は改革よりも従来の経済運営を重視する姿勢を強めている。その上に、コロナショックが発生した。2020年1～3月期の中国実質GDP成長率は統計が開始されて以来はじめてのマイナス水準（マイナス6・8％）に落ち込んだ。

　2020年の全人代では例年と異なり経済成長率の目標値が公表されなかった。共産党政権は都市部において900万人以上の新規雇用を生み出すと宣言したが、その水準は前年の目標値（1100万人）を下回る。経済の安定のために、財政出動の拡大は不可避だ。2020年の中国の財政赤字は、GDP比3・6％以上と前年から0・8ポイント引き上げられ、地方政府がインフラ投資などのために発行する債券（専項債）の発行額も引き上げられた。

　資本の効率性が低下する中にあっても、中国は追加の財政出動によって公共事業などを積み増し、人為的な成長率の押し上げを目指さざるを得ない。中長期的に、中国の債務問題は一段と深刻化するだろう。わが国が経験した通り、不良債権の償却を進めない限り、雪だるま式に債務は膨張してしまう。先送りされればされるほど、不良債権処理の痛みは増す。

当面、共産党政権が不良債権処理と構造改革に本気で取り組もうとすることは想定しづらい。共産党政権は国内の不満が高まり、社会情勢が悪化することを恐れている。今後も、共産党政権は財政出動を積み増し、公共事業や補助金の支給などによって景気の維持を目指すだろう。それによって、一時的に景気の安定を目指すことが可能になったとしても、長期的な経済低迷のリスクは高まってしまう。中国が経済成長の限界から脱却するためには、共産党政権が人々の自由を認めつつ、ＩＴ先端分野など成長期待の高い産業の成長を支えるために構造改革を進め、〝普通の国〟としての中国を目指すことができるか否かにかかっているといえるだろう。それには、数十年単位のかなりの時間が必要だろう。

3 さらなる米中通商摩擦への懸念＝覇権国争いのリスク

２０１８年以降、米国と中国はたがいに制裁関税をかけあい、通商摩擦が激化した。トランプ氏は自らの支持層である米国の農家やラストベルト地帯の白人労働者層に成果を誇示するために、対中輸出を増やそうとした。

また、米中の通商摩擦には、ＩＴ先端分野を中心とする覇権国争いの側面がある。各国経済にとって、ＩＴ前端分野での競争力は経済成長に加え、国際社会における発言力を高めるために欠かせない。コロナショックの発生によってＩＴ先端分野が経済活動の維持に欠かせないことは一段とはっきりした。中国はＷＨＯをはじめとする国際機関への資金拠出を通して、国際社会への発言力を高めてきた。それが、米国における感染拡大に無視できない影響を与えたとの見方から、米国はＷＨＯからの脱退を表明した。国際社会における米中の勢力争いは時間の経過とともに熾烈化している。当面、米中の覇権国争いは一段と激化し、世界の経済と社会には無視できない影響が及ぶ恐れがある。

なぜ米中は対立するか

米中の覇権国争いが熾烈化している背景には、両国が重視してきた価値観の変化がある。わたしたちの記憶の中には、社会の常識（多くの人が共有する価値観）を重視することがしみ込んでいる。中国では共産党政権に従うことが徹底されており、米国では、自由が常識だ。

米国は、人々の自由を尊重し、創意工夫が発揮されより多くの付加価値が創出される環境を重視している。端的に言えば、米国の根本的な価値観は〝お金〟といってよいだろう。それによって、１９９０年代以降のＩＴ革命を支えた。また、１９９０年代に入り冷戦が終結すると、米国は旧社会主義体制の国に自由資本主義体制を導入させ、自陣営に組み入れようとした。その結果、米国を中心とする世界経済の運営体制が出来上がり、米国にヒト・モノ・カネが一極集中する体制が出来上がった。

一方中国は共産党の指導力（支配）によって社会を統治している。人々は中国共産党の支持に従うと豊かになれる（従わなければ痛い目に合う）ことが常識になっている。その中で部分的に市場原理を導入して国有企業などの技術力や競争力を高め、雇用を創出した。また、共産主義政権であるにもかかわらず株式市場を整備し、人々の富への欲求を重視した。中国は米国とは対照的に人々の自由な発想ではなく、国家の権力によって経済を運営し、人々がその恩恵に浴する体制を維持・強化した。

しかし、リーマンショック後、世界経済の成長率は鈍化した。その結果、多くの人が、政治家が主張する価値観を重視しても、豊かになれないのではないかと不安を感じ始めた。その結果、社会の不満が高まっている。

米国では経済格差が拡大し、働いても豊かにならないことにいら立ちを募らせる人が増えた。特に、白人とアフリカ系米国人の所得格差は拡大した。また、リーマンショックを防げなかった米国の威信は低下した。

中国では、財政出動によって一時的に経済成長率が押し上げられはしたものの、その後は過剰生産能力と債務問題が深刻化し、経済格差が深刻化している。また、中国の戸籍制度も経済格差の一因だ。

中国の戸籍は大きく農村戸籍と都市戸籍に分けられる。人々が享受できる社会保障制度は戸籍に紐づいており、農村戸籍の人は都市戸籍を持つ人と同じの医療や教育、年金制度などにアクセスできない。それは、教育面をはじめとする格差の一因だ。つまり、中国では自分一人の努力では人生を楽しむことが難しいことに多くの人が気付き始めたといえる。

社会の不満を鎮めることができないと、為政者の存在意義そのものが問われかねない。構造改革を進めて新しい価値観を人々と共有しようとしても、それには様々なコストが伴う。一時的な失業の増加など、人々の不満は追加的に高まり、国を一つにまとめることはさらに難航する。

そうした状況の中で為政者は自らの立場を守るために、国内世論に対しては耳障りの良い主張を行う。その一方で、対外的には強硬な姿勢を示し、求心力を維持しようとする。対外批判は、為政者が自らに対する世論の不満を海外に向かわせるためにも重要だ。それが米中の覇権国争いに当てはまる。米国は中国を批判し、それに応酬して中国は米国を批判している。両国の批判の度合いが連鎖的に高まり、通商摩擦などの対立が先鋭化している。

米中覇権国争い激化のリスク

2回の世界大戦の後、世界の覇権国の座を手に入れた米国は、今後も自国を中心に世界の政治、経済、安全保障を運営して国民が豊かさを享受できる状況を維持したい。そのために、トランプ氏は世界各地に進出した企業を米国内に連れ戻し、日韓などとの安全保障条約をより公平なものに修正して自国の負担を小さくしようとしている。そのためには、世界の工場として外資を呼び込み、世界の工場としての存在感を発揮してきた中国が米国の意向に従うことが欠かせない。

中国は米国からの圧力を跳ね返さなければならない。中国では生産年齢人口が減少に転じ、労働コストの上昇によって世界の工場としての地位が低下している。さらには2018年以来の通商摩擦の激化によって、経済成長は鈍化した。

さらに、中国共産党は綱紀粛正を徹底しつつ経済格差問題に打ち勝ってきたと主張し続けてきたが、それが真実ではないことも明らかになっている。2020年5月には李克強首相が、40%以上の国民が月収1000元(約1・5万円)を下回る水準で生活していることを認めた。それは、中国共産党が真実を正確に社会に伝えていないという人々の疑念や不信感が強まり、共産党政権としても認めざるを得なくなったことを示している。

歯向かわず、従えば豊かになれるという価値観を徹底してきた共産党指導部は、まさに正念場を迎えている。習近平国家主席は米国からの圧力に屈することはできない。共産党指導部は、米国に批判されれば、さらに強硬な姿勢でやり返さなければならないと、かなりの焦りを感じているはずだ。中国は共産党政権の威信を守るために、米国に対して強い姿勢で臨み、習国家主席が重視してきた〝中華思想(漢民族を中心に世界の繁栄を目指すこと)〟を推進するために南シナ海などへの支配を強めなければならない。それ以外に、共産党指導部が支配力を保ち、一党独裁体制を続ける術は見当たらないというのが中国の本音だろう。

短期的には、米中の覇権国争いは一段と熱を帯び、両国の批判の応酬と制裁や報復措置の発動が続く可能性がある。特に、米国の民主党は労働組合を主な支持基盤としている。2020年の米国大統領選挙の結果は不透明だが、仮に民主党政権が誕生すると仮定すると、米国の対中強硬姿勢はトランプ政権以上に鮮明化するかもしれない。

中国も米国の批判には一歩も譲歩できない。習近平国家主席が米国に譲歩するのであれば、コロナショックの発生によって高まった共産党政権への不信感が一段と勢いづくだろう。そうした展開を避けるために、中国も米国に対してハードラインをとらざるを得ないはずだ。このように考えると、米中の対立先鋭化のリスクは世界経済を大きく揺るがす恐れがある。

ただし、中長期的に考えると、米国と中国は全面対決を避けなければならないはずだ。なぜなら、グローバル経済の進行によって、両国の相互依存度は高まっている。2018年以降の米中通商摩擦でも見られたように、両国の対立が高まったとしてもどこかのタイミングで両国は妥協できる部分を模索し、休戦協定を結ばなければならなくなるだろう。

問題は、コロナショックの発生によって米中両国の政治・経済環境が不安定化していることだ。今後、米中が手打ちを目指そうとした場合、どのように妥協点を見出すことができるかは過去よりも難しくなっている。一方が譲歩する姿勢を示せば、他方はさらなる譲歩を求め始めるだろう。このように考えると、当面、米中の覇権国争いは一段の激化に向かい、それが世界を振り回す展開を念頭に置いたほうがよさそうだ。

4 コロナショックに直撃された習近平

2017年10月、中国共産党は中国共産党全国代表大会（党大会）を開催した。5年に1度開催される党大会は、中国の方向性を決定する最高意思決定機関だ。党大会の中で習近平国家主席は2期10年までと定められた国家主席の任期を撤廃した。それによって、習国家主席は任期が切れる2023年以降も中国のトップの座に居続けることが可能となった。党大会の中で習氏は自らの指導力によって汚職摘発や貧困対策など積年の課題を解決したと自画自賛した。党大会を経て習氏の支配基盤は一段と強化されたといえる。

しかし、中国の経済成長の限界や米中貿易摩擦の激化に加えて、新型コロナウイルスが発生したことが、習氏の求心力を低下させてしまった。最も重要なことは、中国共産党が人々の声を恐れ、事実を隠蔽したことだ。

その結果、中国国内では習氏への不信感が高まった。それだけではない。これまで対中関係を維持してきたアフリカ諸国などでも中国との関係を懸念する世論が増えている。

事実隠蔽に走った中国共産党

２０１２年に中国のトップの座を手に入れた習氏にとって、新型コロナウイルスの発生はこれまでに経験したことがない危機だ。感染症という人の命を脅かすリスクに対して、習氏は情報の公開によって世界の協調体制を敷くのではなく、事実を隠蔽して事態の深刻さを徹底して隠そうとしてしまった。

２０２０年6月の時点で、いつ、どこで、どのようにして新型コロナウイルスがヒトに感染し、その後の感染拡大が起きたか、不明な点が多い。報道ベースでは、２０１９年12月初旬から中国湖北省武漢市では新型の肺炎に感染した人が出始めた。その後、２０１９年12月31日、湖北省武漢市の政府は、新型コロナウイルスの感染者を公式に発表しＷＨＯ（国際保健機関）に報告した。また、当初、中国当局は人から人への感染は確認されていないとの立場をとった。

しかし、そうした主張が事実に基づいたものではないことが徐々に明らかになった。２０２０年１月下旬に、中国疾病予防コントロールセンター（ＣＣＤＣ）などが公表した論文では、２０１９年12月中旬の時点で人から人への感染が発生していたことが示された。つまり、中国共産党は新型コロナウイルスの感染の事実を隠蔽し、社会に不安が広がって共産党政権への批判が高まらないようにした。それが初動対応の遅れにつながったことは言うまでもない。なお、米ハーヴァード大学の研究者は2019年8月に中国で新型コロナウイルスの感染が流行していた可能性を指摘している。

事実隠蔽の背景には、複合的な要因が考えられる。まず、当時の地方政府の政治スケジュールの影響だ。1月6日からは武漢市の人民代表大会が開催された。地方政府の幹部にとって、会期中の問題発生は許されない。

もう一つが、1月24日から中国の旧正月の連休がスタートしたことだ。例年、春節前後の40日程度の間に移動する人の数はのべ30億人に達するといわれるほど、人の移動が大きく増える。特に、武漢市は中国の東西南北をつなぐ交通の重要拠点だ。その武漢市を震源に新型コロナウイルスの感染が発生し、さらには春節の大移動が重なった結果、中国国内だけでなく世界全体にウイルスが拡散された。

おそらく、共産党政権が武漢市の感染の実態に気付いた時には、対応が難しいほどに事態が深刻化していた可能性がある。1月23日に武漢市が封鎖された背景には、有効な治療薬やワクチンがない中で感染の拡大を食い止めるために人の移動を制限しなければならないことに加え、情報統制の意味もあっただろう。武漢市の医師が初動対応の不備を指摘した記事がインターネット上から削除され、感染に関するSNSへの投稿も削除されるなど、中国共産党は感染の深刻さに人々が気付き、社会不安が高まることを恐れた。

結果として、共産党政権が感染の事実を隠蔽したことによって、人々は共産党への疑いの念を一段と強めてしまった。その状況に習氏はさらに恐れをなしたとみられる。習氏は情報統制を強化して自らへの批判が増えないようにしたかった。その一環として、WHOが緊急事態を宣言することを回避しようとしたのだろう。

自ら都合の悪いことをひた隠そうとする中国共産党の行動様式は、〝悪事発現の法則〟と呼ぶにふさわしい。個人、企業、国にかかわらず、何らかの誤りや問題に気付いた際は、迅速に、徹底した対応策をとることが欠かせない。それを隠蔽し、問題の深刻さに気付いたときには手が付けられないほどに事態が悪化してしまっていることが多い。中国は、共産党の一党独裁体制を守るために、都合の悪い情報に真正面から向き合うことができないといっても過言ではないだろう。それは中国が世界のリーダーの地位を目指す上で致命的だ。

世界の批判を買った中国

多くの人々が中国国内外を移動する春節の時期に新型コロナウイルスの感染が拡大してしまった結果、世界全体にウイルスがまき散らされた。その状況下、中国は医療物資を世界中からかき集め、マスクや防護服、さらには綿棒などの基本的なモノが世界全体で不足してしまった。その結果、世界が中国のリスクに気付き始めた。

中国は自国に都合がよいことは積極的に喧伝し、他国の賛同を取り付けようとする。しかし、ひとたび事情が悪くなると中国は国際社会に対して責任ある行動をとらない。逆に中国は自らの立場を取り繕おうと身勝手にふるまい始める。それは、国際社会の利益ではなく、中国共産党の利益を優先した行動様式といえる。コロナショックによってそうした中国の価値観がはっきりした。その結果、中国との関係を不安視する国が増えた。その典型例がアフリカ大陸の新興国だ。

リーマンショック後、中国は潜在的な経済成長期待の高いアフリカ各国との関係強化を目指し、〝一帯一路〟構想の重要地域に位置付けた。２０１８年に中国北京で開催された〝中国アフリカ協力フォーラム（ＦＯＣＡＣ）〟では、習氏が向こう3年間で６００億ドル（当時の邦貨換算額で約６・６兆円）の支援を宣言し称賛を集めた。

しかし、徐々にアフリカ各国は中国に対する懸念を強めた。まず、アフリカ各国は中国がインフラ開発のための融資などを行い、各国に対中返済負担を負わせ、中国に都合のよいように経済開発を進めようとしているとの警戒感を強め始めた。つまり、中国に支配されるとの恐怖感が高まったのである。２０１８年10月には、シエラレオネ政府が中国の融資を受けて進められた空港建設を止めた。

さらに、医療や公衆衛生体制が脆弱なアフリカ各国で感染が拡大したことが対中不信感を一段と高めた。中国はアフリカ諸国をはじめ各国の感染対策を支援するために〝マスク外交〟と呼ばれる医療支援を行った。

しかし、中国が提供した医療機器の質の低さや医療スタッフのサービスの低さから、アフリカ諸国は中国への不信感を高めた。また、中国がアフリカ各国などに対して支援を提供する一方で感謝の意を表明するよう圧力をかけたことも反発を招いた。中国ではアフリカ人への差別も表面化した。中国に住むアフリカ人が、感染していないにもかかわらず隔離されたり、自宅を追い出されたりするケースが発生した。広東省広州市のアフリカ人居住区（通称、〝アフリカ街〟）では、約5000人のアフリカ系住民が隔離された。その一因には中国国内でアフリカ人の感染が広がっているという偽情報（デマ）がSNS上で拡散し、人々の不安が高まったことが影響した。

アフリカ連合（AU）などは中国に対してアフリカ出身者が差別を受けていると懸念を表明し、米国もその主張に賛同した。アフリカ各国では対中感情が悪化し、ザンビアにある中国企業の工場では、幹部が不満を抱いた従業員に惨殺されるという痛ましい事件まで発生してしまった。

事実の隠蔽と初動対応の遅れによって、中国共産党政権は世界のリーダーとしての存在感を目指せば目指すほど、その印象は悪化してしまうという悪循環に陥ったように見える。もし、中国が初期の段階で情報を正確に公表し、国際協調体制を整備しようとしたのであれば、その後の展開はかなり違ったろう。一つの見方として、中国にとっての新型コロナウイルスの発生は、旧ソ連が事実を隠蔽してその後の混乱を招いたチェルノブイリ原発事故に匹敵する可能性がある。

5 対中批判強める米国トランプ大統領

中国で新型コロナショックの発生が確認された時点で、米国のトランプ大統領は習近平国家主席を称賛した。2020年2月上旬まで、トランプ氏は習氏が中国の感染対策を強く統率し、徹底した対応をとっていると評価した。

その一方、米国内では2月頃から感染症対策の専門家を中心に、早期に人の移動を制限して感染の拡大を食い止めなければならないとの危機感が高まった。だが、様々な要因がそうした取り組みを阻害した。最も大きかった要因は、トランプ氏が大統領再選にこだわるあまり、都市の封鎖などが実施され、雇用喪失が深刻化する展開を恐れたことだろう。突き詰めていえば、トランプ氏は自らの利害を優先し、感染症対策が後手に回った。

移動制限が遅れた結果、米国では感染が急速に拡大し、多くの命が失われた。2月中旬、トランプ氏は、手のひらを返したかのように対中批判を強めた。その後、米国は中国への批判や圧力を強化せざるを得なくなっている。さらに、米国内では人種差別問題の深刻化などによって社会が分断されてしまった。その状況を中国が批判し、トランプ政権は中国により大きな圧力をかけようとしている。

コロナショックへの対応の遅れ

２０１７年1月20日に政権が発足して以来、トランプ氏は目先の景気を上向かせることに強くこだわった。それによって、同氏は２０２０年11月の大統領選挙での再選を目指した。それは、支持獲得を重視した〝トランプ・ファースト〟の政策運営だ。

それに加えて、当初トランプ氏は新型コロナウイルスの感染力を過小評価した。それは同氏が「新型コロナウイルスによる死者数は、インフルエンザや自動車事故の死者より少ない」と発言していたことから確認できる。そうした要因が重なり、新型コロナウイルスに対する米国の初動対応は遅れてしまった。

経済運営面から考えた場合、トランプ氏が恐れたのは雇用の喪失だろう。新型コロナウイルスに効果のあるワクチンや治療薬が開発段階にある中、都市の封鎖などを行うことによって人の動線を絞ることは感染の拡大を抑えるために大切だ。１９１８年に発生したスペイン風邪への対策を振り返ると、早期に徹底した人の移動制限を実施し、それを長く続けた都市ほど、経済の回復が相対的に早く、大きく進んだことが報告されている。長期の視点で考えると、人の移動制限を徹底して感染対策を進めることは、人命と、経済の両方を守ることにつながる。

しかし、目先の雇用や経済成長に執着するあまり、トランプ政権は経済か人命かという二者択一の思考に陥り、前者を優先してしまった。２月に入り、米国内で感染者数が急増すると、トランプ氏は中国に対する批判を強めた。トランプ政権の閣僚からも中国が感染の事実を正確に世界に伝えていないといった批判が増えた。トランプ政権は、中国が事実を隠蔽したために米国の対応が遅れてしまったと主張することで、自らの判断の誤りを糊塗しようとしたように見える。トランプ氏は中国への圧力を強め、初動対応が遅れた責任を中国に転嫁するしかなくなった。

その後、米国で実施されたある世論調査では、中国を脅威と感じる人が過去15年間で最高に達した。その背景には、中国が共産党の威信を守るために事実を隠蔽しているといった懸念があった。対中脅威論に傾く世論に合わせて、トランプ政権の対中強硬姿勢も勢いづいた。

本来であれば、米国は早期に国際協調体制を整備し、世界各国と連携して医療資材の生産と供給やワクチン開発などに取り組むべきだった。米国が自国の価値観に基づいたグローバル化を推進して来たことを考えると、それが覇権国に課された責務だ。

しかし、トランプ氏は常に自らの利益を優先して政策を運営した。同氏が感染症対策の不備を認めることはできない。世論がどれほど批判しようとも、同氏は中国の隠蔽体質が米国をはじめ世界に新型コロナウイルスが広がった原因であり、責任は自らではなく中国にあると主張しなければならなくなってしまった。

深刻化する米国社会の分断

トランプ政権の感染対策の初動対応が遅れた結果、米国では社会の分断が深刻化してしまった。その状況を中国が批判し、トランプ氏はより強く中国に圧力をかけようとし始めた。

2020年5月下旬、ミネソタ州ミネアポリスにおいて、警察官によるアフリカ系米国人男性の暴行死事件が発生した。それを境に、人種差別などに対する人々の怒りや不満が表面化し、人種間、世代間の社会分断が深刻化した。背景の一つに、経済格差の拡大がある。人種という観点から考えると、アフリカ系米国人の平均所得は白人の6割程度だ。アフリカ系米国人の失業率は白人よりも高い。経済格差は医療サービスへのアクセスにも影響する。所得水準が低いアフリカ系米国人は十分な医療サービスを受けることが難しく、新型コロナウイルスへの感染・死亡率が高くなってしまった。

また、人種差別に反対するデモに多くの若者が参加したことも見逃せない。世代別にみた場合、16～24歳の若年層の失業率は相対的に高い。多くの若者が、新型コロナウイルスの感染拡大によって急速に雇用が失われる状況に不安を感じただろう。若者らは、ごく一部に富が集中し所得格差の深刻化を放置した為政者への不満を表すために、デモに参加した。民主党の支持者が多いシアトルでは市庁舎がデモ隊に占拠された。つまり、人種差別問題に端を発するデモは、米国の政治そのものへの不信感の表れと受け止めなければならない。

人種差別問題などから社会の分断が深まる状況下、米国の大統領は人々に協調を求め、国を一つにまとめなければならない。それは、米国が国際世論の賛同を得て中国の身勝手な行動を諌めるためにも必要だ。

しかし、トランプ氏は社会の分断を深刻化させてしまった。デモが発生する中、同氏は人種差別を容認し、差別を助長する発言を行い、人種間の対立を激化させた。また、同氏はデモを鎮めるために軍の動員を示唆し、人々からの反発を招いた。ジェームズ・マティス前国防長官はトランプ氏に関して、「米国民を団結させようとせず、団結させるふりさえしない。わたしの人生で初めての大統領」とかなり厳しい見解を示している。

その状況に関して、中国はトランプ政権が香港の反政府デモを支持しておきながら自国のデモ隊を暴徒扱いするのはおかしいと批判した。批判されたトランプ大統領は黙ってはいられない。トランプ政権は香港版の国家安全法案の成立を目指す中国への制裁を準備し、対中批判を一段と強めた。感染対策への初動対応が遅れたトランプ氏は、どのような批判を受けようとも対中強硬姿勢をとらざるを得なくなったように見える。もし、トランプ氏が中国に譲歩し始めれば、米国の農家や白人労働者層は政権批判に転じるだろう。別の見方をすれば、トランプ氏は自らの支持者以外は敵に回しても構わないと考えているようにさえ見えてしまう。

コロナショックを境に、トランプ氏が自らの利害を優先すればするほど、米国の社会は分断され、米中の対立も先鋭化することが鮮明化した。トランプ氏は各国との連携によって対中包囲網を形成するのではなく、自らの成果の誇示のために中国を批判してしまっている。

両国の対立がさらに先鋭化する展開を食い止めるには、米国世論が国際協調の重要性を認識し、議会に世界のリーダーとして責任ある行動を求めるか否かが大きく影響する。コロナショックの発生によって、覇権国・米国の民主主義の実力が問われ始めたといってよいだろう。それは米国が整備してきた国際秩序、米国が推進してきたグローバル化が分水嶺を迎えていることを示唆する。

第5章

世界経済の大変化――誰が漁夫の利を得るか？

1 分水嶺迎えるグローバル化

米中の通商摩擦や新型コロナウイルスの発生によって、米国を中心に進んできたグローバル化は分水嶺を迎えた。具体的に言えば、国際社会の協調は一段と難しくなり、各国が自国主義に向かっている。仮にその状況が続くと想定すると、世界経済全体が自由貿易などを通して成長を目指すことは難しくなり、経済は縮小均衡に向かう恐れがある。

当面、不安定ながらも米国は覇権国の座を守るだろう。中国に関しては、ＩＴなど一部の分野で覇権を強化することはあるだろう。ただし、通貨価値の下落リスクや社会不満の増大などに直面する中国が米国に代わる覇権国の座を手に入れることは考えづらい。中国に不信感を持つ国は増えており、国内でも共産党政権への批判や不満が強まっている。

懸念されるのは、米国のリーダーシップの低下だ。トランプ氏が自国の事情を優先して医療物資の囲い込みや、ＷＨＯからの脱退を表明したのはその象徴といえる。それに加えて、新型コロナウイルスの発生を境にして、国際社会全体の利害調整は一段と難しくなった。特に欧州では、南欧とドイツなどの利害衝突が表面化し、各国の連携には大きな亀裂が生じた。さらには、中国がイタリアなどに医療支援を実施した結果、イタリア社会の分断も深刻だ。

国際社会は、米国一極集中から多極化に向かい始めている。多極化とは、米国、中国、その他の勢力という具合に、複数の勢力が出現した状況を思い浮かべればよい。米国を中心に世界の自由貿易体制が強化され、さらには多国間の経済連携協定が締結される状況と比べ、多極化が進む状況は不安定だ。各国に求められるのは、自力で世界各国から必要とされる存在になることだ。

わが国は、米国との関係を重視し続けるのか、それとも安全保障面では米国との関係を維持しつつ、他の国や地域との連携を強化して国力の増強を目指すか、長期の視点に立った国の運営方針を定めなければならない。端的に言えば、技術力を高め、欧州やアジア新興国との関係を強化することだ。それができれば、わが国が中心となって欧州やアジア地域との連携を強化し、社会と経済の安定を目指すことができるだろう。

グローバル経済の寸断

まず、コロナショックは世界経済の変化のスピードを加速化させた一つの要因と考える必要がある。コロナショックが発生する前から、米国を中心とする世界経済の運営体制には、変化が生じていた。まず、２０１６年の米国大統領選挙でトランプ氏が当選した影響は大きい。それを境に、米国の通商政策が大きく変わった。トランプ氏は、世界各国に張り巡らされたサプライチェーンを切り取り、自国に持ち帰ろうとしたと考えるとわかりやすいだろう。それは、グローバル経済の寸断と呼ぶべき動きだ。トランプ政権がＴＰＰ（環太平洋パートナーシップ）からの離脱を表明したのはその一例だ。

オバマ前政権の末期、米国はＴＰＰ協定に関する多国間の協議を進め、最終的に12カ国が賛同した。ＴＰＰに参加する12カ国の総人口は８億人、名目ＧＤＰの合計規模は28兆ドルに達した。当初の計画に沿ってＴＰＰが実現すれば、世界のＧＤＰの30％を占める一大市場が出現するはずだった。加盟国は90％の関税を撤廃し、自由貿易体制の強化を重視した。それは、米国を中心とする経済のグローバル化の促進を意味する。それによって、米国をはじめとする加盟国は対中包囲網を整備し、中国の身勝手な行動を抑制しようとした。

しかし、トランプ氏は多国間の経済連携ではなく、二国間の自由貿易交渉を重視した。トランプ氏は米国が中心となって整備してきた多国間のＥＰＡ（経済連携協定）を見直し、企業の生産拠点を強制的に米国に回帰させようとした。端的に、トランプ氏は自らの成果を誇示するために各国に米国のモノやサービスを購入させようとした。

それを象徴するのが、北米自由貿易協定（ＮＡＦＴＡ）の再交渉だ。２０１８年、ＮＡＦＴＡに変わる協定として、米国・メキシコ・カナダ協定（ＵＳＭＣＡ）が妥結された。

ＵＳＭＣＡの主な目的の一つに、米国の自動車および関連産業の収益を増やすことがある。ＵＳＭＣＡでは、北米域内の貿易で関税をゼロにする条件として、乗用車の４割を時給16ドル以上の工場で生産するよう求める条項が設定された。また、無関税の恩恵を受けるためにＮＡＦＴＡでは乗用車の部材の62・5％を域内で生産するよう求めていたのに対し、ＵＳＭＣＡではその比率を７５％まで引き上げた。それによって、自動車各社はコストが相対的に低いメキシコや中国などで生産した部品、日本製の高性能の部品や素材を用いることが難しくなった。

冷戦終結後、米国は自由資本主義体制の整備を重視し、経済のグローバル化が進んだ。その中で、各国企業は新興国に直接投資を行い、ジャスト・インタイムを目指したサプライチェーンが毛細血管のように整備された。それを切り取るトランプ氏の通商政策は、米国だけでなく、世界経済全体にかなりの負担を強いる。２０１８年以降の米中通商摩擦の激化によって、世界のサプライチェーンが混乱し、貿易取引が減少したのはそのよい例だ。

グローバル化の逆回転

新型コロナウイルスの発生は、グローバル化の逆回転を鮮明化した。ワクチンなどが開発段階にある中で、世界各国は国境や都市を封鎖して人の移動を制限し、感染拡大を食い止めなければならなくなった。ウイルスの流入を防ぐために、貿易取引は大きく減少し経済の効率性が低下した。

さらに、多くの国が医療や食糧をはじめサプライチェーンを自国に戻したほうが良いと考え始めた。その考えが続くと、世界各国は自国の限られた生産要素を用いて経済を運営しなければならなくなる。各国は比較優位性を発揮しづらくなり、世界経済全体の効率性は一段と低下する。その状況は、米国を中心に各国がＥＰＡを締結し、より効率的な経済運営を目指した状況と対照的だ。

グローバル化の逆回転の良い例が、ＥＵ・ユーロ圏だ。

ＥＵは関税同盟（全加盟国が対外関税率をそろえ、域内の関税を廃止）と単一市場（食品などの安全基準の統一化）を整備し、人の自由な移動を認めることで、持続的な経済成長を目指した。それは、リージョナル・グローバリゼーションというべき取り組みだった。欧州各国は市場を統合することによって独仏の対立に終止符を打ち、各国の比較優位性を生かして持続的かつ効率的な経済運営を目指した。

しかし、コロナショックを境に、ＥＵ・ユーロ圏加盟国の連携は一段と難しくなった。ドイツをはじめとする加盟国は自国の事情に基づいて国境を封鎖した。それは、単一市場の機能が一時喪失されたことを意味する。また、欧州委員会は各国の利害を調節することができず、感染が急増したイタリアなどへの支援も行わなかった。

２０２０年3月中旬、イタリアのコンテ首相はコロナショックによって大きく混乱したユーロ圏の経済を支えるために、ユーロ共同債の発行を提案した。しかし、財政均衡と南欧諸国の財政悪化を懸念するドイツやオランダなどは、その提案に慎重な姿勢をとり続けた。その結果、ユーロ圏の経済を支えるドイツと、それに依存してきたイタリアなどの対立が一段と深刻化した。イタリア国内ではEU不信論も高まった。

その状況に中国が関与しはじめ、事態は一段と複雑化した。２０１６年、中国は財政難に陥ったギリシャからピレウス港を買収した。それは、中国が欧州市場進出の橋頭堡を築くために重要だった。

その上で中国はコロナショックを活かしてイタリアへの影響力を強め、欧州全体に影響力を発揮する足場を固めている。イタリアは自国経済の安定を目指してＧ７で初めて中国が提唱する〝一帯一路〟への加盟を表明した国だ。３月に入ると、中国がイタリアへ医師団や医療物資を送り、支援を開始した。それはＥＵの結束が弱まっていることを世界が確認する象徴的な出来事だった。

欧州の外では、米中の対立が先鋭化し、両国が各国に対して自陣営に加わるよう圧力をかけている。米国では人種差別問題が深刻化し、多くの国が米国の政治への懸念を強めた。ドイツのメルケル首相はトランプ政権が物議をかもしていると批判した。米国はドイツに駐留する米軍の削減を表明し、北大西洋条約機構（ＮＡＴＯ）の亀裂も深まった。

感染の事実を隠蔽した中国、国を束ねられない米国の両方から距離をとろうとする国は増え、国際社会の利害調整は一筋縄ではいかなくなっている。米国、中国、ＥＵ、さらにはＥＵ内での意見対立というように、各国、各地域の利害が食い違い始め、世界は多極化に向かっている。

2 重要性高まる流通市場としての中国

今後、各国が自国経済の成長を目指すために中国の流通市場の重要性が高まる。最も重要な要素は、中国の人口だ。13億人を超える人口を有する中国経済は、自動車、スマートフォン、家電、アパレル、食品、家具、教育、ＩＴ、環境、医薬品、医療サービス、スポーツ、エンターテイメントなどの分野で、世界経済に大きな影響を与える。また、一人当たりのＧＤＰは約1万ドルに達しており、ブラジルやインドなどよりも所得水準は高い。消費の量と新興国の中で相対的に高い所得水準という二つの点において、中国経済の重要性は増している。

米中の通商摩擦が激化してきたにもかかわらず、世界で人気を博してきた米国企業のブランドは中国でも旺盛な需要を集めている。わが国の製品も中国では人気だ。その一方で、対中批判を表明したことによって、中国市場へのアクセスが難しくなった企業もある。各国企業には、いかにして、米国と中国と〝適切な距離感〟を保ち、持続的に収益を獲得することが求められる。

すさまじい中国の消費意欲

中国の個人消費には、他の国にはない勢いがある。特に、新しい機能、あるいは高付加価値の商品に対する関心は、非常に高い。それは、一時期わが国のディスカウントストアや百貨店、ドラッグストアなどの売り上げを大きく押し上げた〝爆買い〟を考えるとよくわかる。家電や食品、日用の医薬品などわが国の商品に対する中国の需要は国内企業の業績拡大に大きく貢献した。その後、中国が規制を強化したことによって爆買いが減少した結果、免税大手のラオックスの業績が急速に落ち込んだことなどを見ると、中国の消費意欲はすさまじい影響力を持っている。

中国の個人消費の勢いを確認する良い例が、ネット通販最大手アリババが開催する〝独身の日〟の通販セールだ。2019年11月の独身の日の取扱高は2684億元（約4・1兆円）に達した。取扱高は前年から25％も増加した。大規模な値下げの実施や、無利息での分割払いが利用可能なことが独身の日の消費を押し上げによって需要が先取りされている側面はあるが、一日でわが国のGDP（約500兆円）、の0・8％程度の収益を生み出す消費市場は、世界の企業にとって見逃せない。

独身の日の売り上げ商品を国別にみると、日本が1位、米国が2位だった。わが国の商品で人気を集めたのが、ユニ・チャームの紙おむつや、資生堂の化粧品だ。米国企業の売れ筋ブランドを見ると、アップルのiPhoneが人気を集めた。2019年の独身の日セールにおいて、iPhoneの売れ行きはシャオミやファーウェイといった中華スマホメーカーを抑えた。そのほかにも、ナイキのスポーツ用品も人気を集めた。それは、中国の所得水準が高まった結果、余暇を充実させるためにスポーツなどに力を入れる人が増加し、海外のスポーツブランドへの需要が高まっているという重要な変化を示している。ナイキのほかにも、米アンダーアーマーの商品も人気を集めた。化粧品分野では資生堂のほかにエスティ ローダーやロレアルの売り上げが多かった。

中国の需要にアクセスするために、海外企業は共産党政権からにらまれないようにしなければならない。2019年、米NBA（全米プロバスケットボール協会）のヒューストン・ロケッツのゼネラル・マネージャーが香港で発生した反政府デモを支持するツイートを展開し、中国当局から圧力をかけられた。ヒューストン・ロケッツは中国のスターバスケットボール選手姚明（ヤオ・ミン）を擁したチームだ。姚明がＮＢＡでプレーしたことをきっかけに、ＮＢＡは中国市場の開拓に力を入れ中国国内でＮＢＡの試合が多く放送されるようになった。しかし、ヒューストン・ロケッツのＧＭのツイートを境に、国営中国中央テレビ（ＣＣＴＶ）はＮＢＡの試合放映を取りやめた。ＮＢＡ関係者によると対中関係悪化による損失は数億ドルに達したという。

ＮＢＡは中国市場での活動を円滑に進めるために、香港デモへの釈明に追われた。それは、中国市場でのビジネス継続のために共産党政権からの〝認可〟を取り付けるための行動だ。ＮＢＡの対応に関して、米国のペンス副大統領はＮＢＡが中国にへつらっていると非難した。

反対に、米国企業の中にはよりはっきりと中国共産党に近づき、配慮を得ようとした企業もあった。２０１５年にはフェイスブックの創業者であるマーク・ザッカーバーグが習近平国家主席に娘の名付け親になってほしいと頼み、断られた。

各国企業に求められる米中との〝適切な〟距離感

米中の対立が先鋭化する中、各国企業は米国と中国とうまく付き合わなければならない。どういうことかといえば、米中双方から必要とされる技術や理論を生み出し続け、両国に対してしっかりと自国の考えを伝える力が必要だ。それができるか否かによって、今後の企業、さらには国家レベルでの経済の成長にはかなりの影響が出るだろう。

今後の展開を考えた時に苦戦が予想されるのが韓国だ。韓国は、米国と中国に板挟みにされている。韓国は安全保障を米国との同盟関係に依存している。経済面では、日韓請求権協定によってわが国から5億ドルの巨額支援を受け取り、その後も様々な技術移転を取り付けることによって輸出主導型の経済体制を整えた。その上で、近年の韓国経済は対中輸出によって景気を安定させた。つまり、韓国は安全保障面では米国に、経済面では中国に依存している。

2017年の大統領選挙で当選した文在寅（ムン・ジェイン）氏は、基本的に反日・南北統一を重視している。同氏は、韓国主導で南北の宥和を進めて統一を目指し、北朝鮮の経済開発需要を一手に取り込みたいのだろう。そのために、文政権はわが国を批判することで経済支援を引き出し、南北宥和に使おうとしているように見える。

北朝鮮を重視する時点で、韓国はどちらかといえば対中関係を優先しなければならないだろう。しかし、2016年に韓国が米国の地上配備型ミサイル迎撃システム（THAAD）を配備して以降、中国との関係は冷え込んだ。中国は、韓国向けの団体旅行の停止や現代自動車などの営業を停止させて韓国に報復し、韓国経済は減速した。

ＩＴ先端分野での米国との覇権争いに優位に立つため、中国は韓国の半導体生産ラインを自国のために使いたい。台湾が親米姿勢を明確に示しただけに、半導体生産能力が十分ではない中国にとって韓国を自陣営に取り込むことは必要だ。その間に中国は自国内の半導体生産能力を増強し、高性能のＩＣチップなどの国産化体制を整えるだろう。一方、中国向けの半導体輸出によって経済成長を実現してきた韓国は中国の半導体需要を確実に取り込みたい。このように考えると、経済面における中韓関係は持続的なものと言いづらい。

その一方で、韓国は米国から中国と距離をとるよう圧力をかけられた。２０２０年6月に入り、北朝鮮が南北宥和の象徴だった開城工業地区の南北共同連絡事務所を爆破したことを考えると、韓国の安全保障にとって米国との同盟関係は欠かせない。さらに、トランプ氏は在韓米軍の縮小や撤退を示唆した。

韓国にとって米中とどのような関係を目指すかを考えることは一段と難しくなっている。片方に接近すれば、もう片方から批判され、圧力をかけられるからだ。韓国が中国市場にアクセスしつつ安全保障面で米国との関係を維持するためには、両国から必要とされる技術やモノを生み出すことが欠かせない。

問題は、韓国には米中にはない独自の要素が見当たらないことだ。韓国はわが国などからの技術移転に支えられて経済を運営してきた。工業化の初期段階において、海外からの技術移転は産業基盤を強化するために有効だ。ただ、韓国は半導体に変わる成長分野を自力で育て、独自の技術を生み出すことができていない。

新しい技術開発は一朝一夕に進まない。中国は国家資本主義体制を強化し、国有企業などに補助金を支給することで急速に競争力を高めている。韓国にとって中国は、お得意様から競争上の脅威に変化するだろう。韓国が米中両国から必要とされる存在を目指すことは容易ではなく、中長期的に韓国の国力は低下する恐れがある。米中対立が先鋭化する環境下、韓国は一段と厳しい状況を迎える可能性がある。

3 中国と距離をとりはじめたドイツ

韓国のように米中のはざまで今後の社会・経済運営の方向性を見いだせない国がある一方、ドイツは中国と徐々に距離をとり始めた。欧州のリーダーとして欧州各国との結束を強化し、自力で米中の対立先鋭化などに対応しようとしている。

２０１９年まで、基本的にドイツは中国との関係を重視していた。２０１９年9月にメルケル首相は12回目の訪中を行ったが、その回数は主要国の中で群を抜いている。メルケル首相の訪中の際には、フォルクスワーゲンやＢＭＷ、航空大手ルフトハンザなどのトップが随行した。メルケル政権は人権問題や香港の反政府デモへの懸念を表明しつつも、明確に中国の政策に苦言を呈することは避けてきた。

しかし、新型コロナウイルスの発生を境に、メルケル首相は中国への懸念を表明し、経済面での対中重視姿勢を修正し始めた。また、メルケル首相は米国との関係に関しても慎重だ。その一方、ＥＵユーロ圏加盟国も一枚岩ではない。オランダなど財政が健全な国とイタリアなど財政が不安定な国の意見の相違は大きい。ドイツは欧州の安定のために協力できるパートナーを探している。それはわが国が米中対立の先鋭化に対応し、国力の引き上げを目指すチャンスになり得る。

中国への警戒を強めるドイツ

リーマンショック後、メルケル首相は自動車と機械を中心に成長を遂げてきたドイツ経済の安定を目指して、中国との関係強化に積極的に動いた。その結果、ドイツの自動車大手フォルクスワーゲンは２０１９年まで4年連続で世界第一位の自動車メーカーの座を手に入れた。ドイツをはじめ、主要国にとって自動車業界は経済を支える屋台骨の一つだ。２０１５年にフォルクスワーゲンの排ガス不正問題が発覚し、世界的な非難を浴びたことを考えると、メルケル首相にとって自国経済の安定のために対中関係を維持せざるを得なかった。

ドイツが対中関係を強化したことは、ドイツとユーロ圏各国にとって重要だった。ドイツが自動車の輸出などによって経済成長率を安定させたことは、ギリシャやイタリアなど南欧諸国の財政問題を抱えるユーロ圏の景気を安定させるために欠かせなかった。それによって、ドイツは欧州経済の盟主としての存在感を強め、自国の主張を各国に受け入れさせることができた。例えば、２０１０年以降に深刻化した南欧の財政危機に関して、イタリアやスペインなどは一貫して財政規律の緩和を求めた。それに対してドイツは、一貫して財政の均衡を重視した。その結果、ＥＵは単一通貨ユーロの信認を維持し、ソブリンリスクを低下させることができた。見方を変えれば、ドイツは経済の安定を重視して中国に接近し、その需要を取り込むことによって欧州におけるリージョナルな覇権国としての地位を確立した。逆に言えば、ドイツなくしてユーロの存続は困難であり、ユーロ圏加盟国が財政危機を乗り越えることも難しかっただろう。

しかし、新型コロナウイルスが発生して以降のドイツの行動を見ていると、急速に中国への警戒感を強めていることがわかる。重要なことは、メルケル首相自ら中国を複数回にわたって訪問したことが、中国のリスクに対するドイツの感度を高めたことだ。２０１９年の訪中の折、メルケル首相は感染の発生地である武漢市に立ち寄った。報道では、人口１１００万人の武漢市で新型の感染症が発生し、感染拡大が世界に与える影響は甚大であるとメルケル首相は判断し、ドイツ国内の都市の封鎖や検査・医療体制の整備に迅速に取り組んだ。メルケル首相が企業トップとともに訪中してきたことも、企業経営や企業が拠点を置く州や都市の利害を調整することに役立った。政治と企業が連携して対中政策を進めてきただけに、ドイツは中国共産党政権が感染の実態を正しく伝えていないことを鋭く察知できただろう。２０１５年に中東からの難民受け入れを表明して以降、支持率の低迷に直面したメルケル首相であったが、経済界との協働を継続することによって国を一つにまとめるために必要な力は維持していたということだ。

メルケル首相は、中国に新型コロナウイルスへの対応の透明性を徹底するよう求め、「中国がしっかりとした対応をとっていたなら世界の状況は違った」と述べた。それは、メルケル政権が中国と距離をとり始めたことを象徴する発言だ。

EU・ユーロ圏におけるドイツの政治・経済的な影響力は大きい。コロナショックはドイツを中心に欧州各国が今後のEUの在り方を考える大きな転換点になった。新型コロナウイルスの発生によってドイツは中国との付き合い方を見直し、距離をとり始めた。ドイツ政府は、中国を念頭において海外からの投資が安全保障を脅かすと判断した場合には、投資や買収を阻止できるよう法律の制定に取り組んでいる。欧州全体でもドイツの考えに合わせて対中関係を見直す国が増えるだろう。また、欧州委員会は、中国による域内企業の買収を阻止するために規制強化に取り組み始めた。

EU連携の強化に取り組むドイツ

今後、ドイツはEU・ユーロ圏の連携を強化することによって、米中の覇権国争いのリスクに対応し、共同体としての安定と成長を目指そうとするだろう。言い換えれば、ドイツはEUという共同体が持つ国際社会での発言力を高めることによって、米中と適切な関係を築こうとしている。そのためには、EU加盟国間の結束を強化することが欠かせない。

コロナショックを境に、ドイツは中国と距離をとり、米国との付き合い方にも慎重になっている。それは、米トランプ大統領がG7サミットを2020年6月中に対面方式で開催しようとし、メルケル首相が参加を辞退したことから確認できる。メルケル首相は新型コロナウイルスの感染が続いていることを辞退の理由としたが、それは表向きだ。メルケル首相の本心には、トランプ政権と距離を置くことだろう。トランプ氏はG7サミットにロシアを招く考えを示した。米国はドイツがロシアとつなぐガスパイプラインを建設していることに反対し、ドイツと対立している。利害の異なる国がG7に参加すれば、国際社会の利害調整は一段と難しくなる。ロシアがG7の場を活用して欧州地域への影響力を目指す意思を世界に表明すれば、ドイツ社会には不安が広がるだろう。

ドイツは、欧州各国の連携強化に向けて大きく、重要な一歩を踏み出した。それは、5月18日にメルケル首相とフランスのマクロン大統領が、〝EU復興基金〟の設立を提案したことだ。復興基金が目指すのは、EUが5000億ユーロ（約58兆円）の債券を発行して財源を確保し、新型コロナウイルスの影響が大きい国を支えることだ。債務返済には、EUが導入する炭素排出税や金融取引税、デジタル課税によって得られた税収が用いられる。

これまで欧州全体での財政政策に関して意見が対立してきた独仏が合意したことの意義は大きい。突き詰めていえば、新型コロナウイルスを境に、EUが〝ユナイテッド・ステイツ・オブ・ヨーロッパ〟に向けて真剣な議論を進め始めたといえる。ドイツは、長期的にEUの結束を強めることこそが、自国の国力を高め、欧州の盟主としての地位を確固たるものにすると考えているようだ。

復興基金の提案が可能となったのは、ドイツのリーダーシップが発揮されたからだろう。新型コロナウイルスへの対策が好感され、メルケル首相の支持率は回復した。対照的に、感染が拡大してしまったフランスのマクロン大統領の支持率は低下した。さらに、欧州各国が国境を封鎖して単一市場の機能が低下したことによって、EU・ユーロ圏の結束が一時的に失われてしまった。

それは、コロナショックによって世界経済が低迷する中で、欧州経済が最も厳しい状況に陥ったことを意味する。EUにはGAFAMやBATHに対抗できるIT大手企業が見当たらない。ドイツでは、最大手のドイツ銀行の経営不安や、フィンテック大手ワイヤーカードの経営破産、航空業界の経営悪化など景気の下方リスクが顕在化している。欧州経済を支えてきた自動車業界も需要の低迷に直面し、フランスではルノーが日産との経営統合を棚上げせざるを得なくなった。ドイツでは最高裁がフォルクスワーゲンに対して排ガス不正車の購入者に賠償を行うよう命じた。

こうした状況では、欧州経済を支える存在が見当たらないと言える。そうであるからこそ、欧州各国は深層心理のレベルで強いリーダーが表れ、EU・ユーロ圏加盟国をまとめてくれると期待したいだろう。

ドイツは、その状況を放置してはならないと危機感を持ち、基金創設にむけてコミットしはじめた。ドイツは欧州の盟主としてEUおよびユーロ圏加盟国の連携を強化しようとしている。

4 中国の進出に恐怖心募らせるアジア新興国

コロナショックの発生は、世界の安全保障にも影響を与えた。その一つが、南シナ海における中国の支配強化だ。米空母で新型コロナウイルスの感染が発生し、米国が在韓米軍の撤退などをほのめかすなどアジア地域における米国の対中抑止力は低下した。

その虚を突くように、中国は南シナ海への実行支配を強めた。また、中国は中国海警局（わが国の海上保安庁に相当）と人民解放軍の連携を強化し、平時には海警局と軍との共同訓練や演習、緊急救助などを実施し、有事には軍事作戦に参加できるよう法律を改正した。それによって中国は海洋上で各国に圧力を加え、自国の力を内外に示そうとしている。

多くのアジア新興国が中国の進出攻勢に不安を強めている。中国は、自らが対外進出を強化しようとすればするほど海外からの反発を招くことがわかっていても、軍事力の強大さを示さなければならない。今後も、中国は軍事力の強化に注力し、自国の影響が及ぶ地理的な範囲を拡大しようとするだろう。

その一方、東南アジアの新興国は今後の世界経済を支えるダイナミズムを内包している。わが国にとって経済外交などを強化してアジア新興国との関係を強化することは、親日国を増やし国際世論に自国の主張を冷静かつ明確に伝える上で大きな支えとなるだろう。

中国への懸念を強める東南アジア各国

２０２０年4月には、南シナ海で中国海警局の艦船がベトナムの漁船に体当たりし、ベトナムの漁船が沈没する事故が起きた。ベトナムの漁船に乗っていた8名は無事だったが、国際社会が中国に領有権がないと認めた海域であるにもかかわらず、中国は我が物顔で領有権を主張し続けている。ベトナム漁船との衝突に関して中国外務省は「不法に漁をしていたベトナム漁船を発見し、退去を呼び掛けた」とあくまでの南シナ海は自国の領海であるとの認識を示し、国際社会からの批判や懸念を無視している。その態度は、まさに傍若無人だ。

さらに、中国は海警局と軍の融合に踏み切った。これまで中国は、自国が領有するとする海域において、漁業活動や天然資源の掘削を進めた。そうした活動を守るために、海警局の艦船が監視を続けた。６月に中国は習近平国家主席をトップとする中央軍事委員会の指揮下に海警局を置いた。それによって海警局は軍と行動を共にする。状況によっては一方的に中国が領有を目指す海域や島嶼《とうしょ》部に艦船を集結させ、実効支配体制を敷くことが行いやすくなるだろう。

その状況に、東南アジア各国の対中不信感や対中脅威論はこれまでにないほど高まっている。６月には、インドネシア政府が国連に、中国と領海問題を交渉するための法的根拠がないとの見解を表明する書簡を送った。中国は東南アジア各国に対して対話によって南シナ海の領有問題を解決しようと提案してきたが、インドネシアは中国の呼びかけを明確に否定した。それに加えて、6月下旬に開催された東南アジア諸国連合（ASEAN）の首脳会議では、中国が南シナ海での領有権を主張していることに関して〝深刻な事案に対する懸念〟を表明した。深刻な事案とは、ベトナムやフィリピンが中国からの圧力増大に直面していることを示している。中国は南シナ海上空の領空識別圏の設定に関しても否定しないとの見解を示している。

懸念されるのは、東南アジア各国からの対中批判や懸念が強まれば強まるほど、中国の強硬姿勢が連鎖反応のように勢いづいていることだ。中国は、強さを誇示することによってアジアの覇者の地位を手に入れ、さらには米国との覇権国争いを有利に進めようとしている。中国が力を誇示するほど、多くの国は中国への警戒を追加的に高めてしまう。

それは、東南アジア各国だけの問題ではない。6月には中国とインドの国境近くの係争地において中印両軍が衝突し、45年ぶりに死傷者が出てしまった。その後、中国は国境地帯に構造物を建設した。中国は香港に国家安全法案を導入しようとし、米国との連携を明確に示した台湾に関しても軍事演習の実施などによって圧力を強めている。わが国に対しても沖縄県・尖閣諸島周辺で、中国は圧力を強めている。中国の自然資源省は尖閣諸島周辺に〝釣魚〟（尖閣諸島の中国名は釣魚島）のつく地名をつけ、中国固有の領海であるとの主張を強めようとしている。中国の対外強硬姿勢を食い止めるためには、アジア各国の連携が欠かせない。

東南アジアが期待するわが国の役割

新型コロナウイルスが発生して以降、中国が力によって国内を統治し、アジア各国を従わせようとしていることは、かなり明確になった。見方を変えれば、中国はソフトパワー（文化的な魅力や経済的な競争力、自由を尊重する社会など）の面で人々の関心をひきつけ、共産党政権の求心力を高めることがかなり難しくなっていると考えられる。ソフトパワーを発揮できないから、中国は国威発揚や愛国心を喚起するために、軍事力に頼ることになるだろう。

新型コロナウイルスの感染の事実を隠蔽し、共産党政権には感染発生の責任がないことを誇示するために、中国は各国に対する強硬姿勢を強めているともいえる。

新型コロナウイルスへの対策の速さという点では、共産党による一党独裁体制が力を発揮した。しかし、それは、中国が正しい行動をとったことを意味しない。中国は人々の自由な発言を禁止することによって、世界各国からの批判を招いた。それでも中国は、世論弾圧を続けざるを得ない。オンライン会議システムを提供する米ZOOMは天安門事件に関連するオンライン会議に関して、中国政府から活動家のアカウントを凍結するよう要求され、それに従ったことを明らかにした。そうした中国の振る舞いは、国際世論から受け入れられるものではない。新型コロナウイルスは、人々の不信感を抑えるために力に頼るしかなくなっているという中国共産党政権の脆弱さを確認する重要な機会をもたらした。

その状況下、東アジアの新興国はわが国の役割への期待を強めている。中国からの支援を取り付けてジャカルタ—バンドン間の高速鉄道を整備しようとしたインドネシアは、プロジェクトの遅延に直面した。インフラ開発を進めて景気を安定させたいインドネシアは、わが国に参加を求め始めた。姿勢の変化が示唆することは、日本なら信頼できるというインドネシアの考えが強くなっていることだ。

わが国はそうした変化をチャンスにしなければならない。わが国が自力で国力を高めるためには、自国の主張に賛同する国を増やさなければならない。それができれば、ドイツが欧州の連携を強化しようとしているように、わが国はアジア各国の利害を調整することができる。ASEAN加盟国にはカンボジアやラオスなど中国との関係を重視する国もある。それだけに、対中脅威論が高まるアジアの新興国は、そうした利害を調整するリーダーを求めているはずだ。

重要なことは、わが国が是々非々の立場を明確にすることだ。民間レベルで中国との関係を強化することは、アジア各国にとって重要だ。その一方、国際世論が中国の主張を認めなかった南シナ海での領有権問題などに関しては、明確に反対の姿勢を示さなければならない。

東南アジア各国は、軍事面で中国に太刀打ちできない。それに加えて、トランプ政権下の米国がアジア地域の安全保障にどう関与するか不透明感は増している。そうした状況が、東南アジア各国の対中恐怖心を掻き立てているといってよいだろう。わが国がアジア各国との連携を強化して経済面での関係を強化することができれば、中国が身勝手な行動を続けることは難しくなる。

すでに米中貿易摩擦の激化によって、中国からベトナムなどにサプライチェーンが移管され始めている。コロナショック後、対中依存度の引き下げなどを目指して、中国から他の国への生産拠点の移転は勢いづくだろう。それは、世界経済のダイナミズムの源泉が、中国から東南アジアにシフトしていることを表している。東南アジア各国の需要を取り込み、経済と社会の安定を目指すために、わが国は東アジア各国との関係を強化し、アジアを中心とする経済連携体制の確立を目指すべきだ。それが数（多数決）の側面から、中国の強硬姿勢に反対の意見を表明し、ソフトパワーによって中国海洋進出などを抑制する原動力になるだろう。

5　米中に板挟みにされる日韓

わが国がどのように今後の世界の政治・経済の変化に対応すべきかを考えた時、日韓の共通点と違いを確認しておくことによって、わが国に重要な取り組みが一段と良くわかるだろう。

わが国と韓国には共通点がある。それは、米中に板挟みされていることだ。日韓は安全保障を米国に依存している。両国の経済運営に関しては、中国の流通市場へのアクセスの重要性が高まっている。

共通点があるものの、日韓の政策運営姿勢は、大きく異なる。わが国は、韓国の政策を確認し、その課題、問題点を抑えることによって、自国の社会と経済の安定を目指すことができるはずだ。

韓国の文在寅（ムン・ジェイン）大統領は、外交面では北朝鮮を重視している。文氏は経済面では中国を重視し、安全保障は米国に頼らざるを得ない。その政策スタンスは矛盾している。韓国は経済運営のために日米からの資金などの提供に依存している。それを続けつつ、韓国が北朝鮮と中国との関係を強めることは困難だろう。米中対立が先鋭化する中、韓国はかなり厳しい状況を迎える恐れがある。

わが国は、基本的には米国との連携によって安全保障を強化すべきだ。経済運営に関しては、EUやアジア各国をはじめ多国間の経済連携を強化して社会と経済の安定を目指す必要性が高まっている。それによって、米中対立の先鋭化にわが国はより柔軟に対応し、経済の実力を高めることができるだろう。つまり、米国との関係を重視してきたこれまでの方針を見直し、欧州各国やアジア新興国とより強く持続的な政治・経済面での連携を実現することが、世界が多極化する中でわが国が漁夫の利というべきベネフィットを得ることにつながるだろう。

理念を欠く
韓国文大統領の政策

文政権の政策運営を見ていると、一体、韓国という国をどのようにしたいのか、明確な理念が伝わってこない。北朝鮮を重視した外交政策、経済運営のための中国重視、安全保障面での対米依存は同時に実現可能なものではない。理念なき政策運営を続ける文大統領は、国際社会の中で孤立してしまう恐れがある。それは、北朝鮮と対峙する韓国にとって、無視できないリスクだ。

米中の覇権国争いは熾烈化し、両国とも基本的には韓国にかまうゆとりはない。むしろ、米中は自国に有利になるように韓国を使おうとしている。米国はファーウェイへの半導体供給網を絶つために韓国に圧力をかけている。中国は韓国に半導体供給を続けるよう要請している。その状況が続くと、韓国は二つの大国に振り回され、自国の事情に合わせて政策を運営することが難しくなるだろう。

逆に言えば、韓国は、どのように米中との適切な関係を目指せばよいか、方策が見当たらないようだ。その要因の一つとして、韓国が基本的には海外からの技術移転によって経済を運営してきたことがあるだろう。朝鮮戦争後、韓国はわが国などからの支援を取り付け、技術を吸収することで輸出競争力を高めた。1965年に日韓請求権協定が成立し、わが国は韓国に対して総額5億ドルの経済支援を行った。その後、朴正煕（パク・チョンヒ）元大統領の指揮の下、韓国は財閥企業の経営を支え、電機、自動車、鉄鋼などの産業育成に取り組んだ。その中で重要な役割を果たしたのが、わが国からの技術供与だ。1968年に設立された鉄鋼大手ポスコには、わが国の鉄鋼メーカーが技術支援を行った。自動車、半導体など多くの分野で、韓国はわが国の技術を吸収し、さらには人材や資金を取り込むことで輸出競争力を高めた。

ただし、韓国は海外からの技術移転を重視するあまり、他国にはない技術を自力で生み出す力を高めることができていないと考えられる。リーマンショック後の韓国経済の展開を振り返ると、半導体に続く成長分野が見当たらない。また、韓国は財閥企業の輸出競争力に頼りすぎた。その結果、サムスン電子をはじめとする一握りの財閥企業に富と経済的な影響力が偏在し、構造改革を進めようにも手が付けられないほどまでに経済の寡占化が進んだ。

文氏はうわべでは構造改革を重視したが、それを実際に進めることは口で言うほど容易なことではない。その代わりに、文氏は南北統一という夢を掲げ、その実現を追い求めることで世論の賛同を得ようとした。仮に南北統一が実現できれば、文氏は北朝鮮のインフラ需要などを取り込み、韓国経済の成長力を高めた指導者として尊敬されるだろう。文政権は北朝鮮との統一に必要な資金を確保するために反日姿勢を強化しているように見える。

他方、韓国世論全体が南北統一でまとまっているわけではない。２０２０年5月20日から6月10日に南北関係や北朝鮮に関する研究を行う韓国の政府系シンクタンクである〝統一研究院〟が世論調査を実施した。それによると、南北の統一を望むとの回答割合は26・3％だった。それに対して、平和共存を望むとの回答割合は54・9％だ。文政権は、世論の意向を尊重せず、自らの夢を追い求めてしまっているといって過言ではない。見方を変えれば、文氏は国を一つにまとめられていない。文政権下、韓国が朝鮮半島情勢の安定を実現し、国力の引き上げを目指すことは難しいだろう。

わが国に求められる米中との距離感覚

安全保障を米国に依存し、経済面では中国との関係が重要であることは、わが国も同じだ。わが国は、韓国の政策運営の問題点を冷静に把握し、それを自らの政策運営に生かせばよい。最も重要なことは、米国と中国の両国からリスペクトされる秋波を送られることだ。そのためには、米国にも中国にもない、わが国オリジナルの、最先端の技術を実用化することが欠かせない。

安全保障を米国に依存している以上、米国の意向に真っ向から反論することはできず、米国との関係は重要だ。ただし、トランプ政権が発足して以降、世界のリーダーとしての米国の存在感が徐々に低下していることを考えると、米国との関係だけを重視していればよいわけではない。安全保障は米国との同盟関係を基礎としつつ、経済面ではより柔軟に、多面的な関係を目指す発想があってよい。特に、わが国にとって民間レベルで中国との関係を強化することの重要性は増している。

その発想を実現するには、独自の、新しい技術が必要だ。わが国に求められることは、自国内の独自の要素を総動員して新しい技術を生み出し、これまでにはない高付加価値の素材や部材を、自力で生み出すことだ。コロナショックによってIT後進国であることがはっきりしてしまった以上、わが国はモノづくりの力をさらに高め、世界の需要を取り込むことに注力すべきだ。

わが国が民間レベルで中国との関係を得るためには、米国の理解を得なければならない。そのためには、自国の主張に賛同する国を増やさなければならない。国際社会の意思決定は、多数決の論理に基づく。わが国は欧州、東南アジア新興各国などとの経済連携を強化するなどし、一つでも多くの国から自国の主張への賛同を取り付けなければならない。

それができれば、民間レベルでの中国との関係強化の意義を米国に冷静に伝え、相応の理解を得ることは可能だろう。さらに言えば、わが国への賛同を増やすことによって、米国が再度、多国間の経済連携を重視しソフトパワーの側面から対中包囲網を形成しようとする展開も考えられる。

以上のように考えると、わが国が米国と中国と距離感覚を持つには、自力で、独自の要素を用いて、新しい技術を開発し、両国からリスペクされることが欠かせないことがわかるだろう。逆に言えば、中国のように海外に対する軍事的な圧力と、国内に対する監視と支配という力による覇権強化は持続可能ではない。そうした政策は国内外の世論の反発を招き、どこかで行き詰まるだろう。

新しい技術を連続的に生み出すことができれば、需要を創出することができる。それが、国際社会におけるわが国の発言力を支え、自力で国力を高めることにつながるだろう。1990年代初頭のバブル崩壊、リーマンショック、東日本大震災に直面しつつも、わが国は、自動車や機械分野での技術開発を進め、競争力を発揮してきた。コロナショックを境に世界経済が大きく、急速に変化している中、わが国はこれまで以上に人々の創意工夫やアニマルスピリットが発揮されやすい環境を整え、民間の新しい取り組みを引き出さなければならない。そのためにわが国がどうすべきかを次章で考察しよう。

第6章

これから日本が歩むべき道

1 安全保障上不可欠な米国との関係

今後の国際社会の展開を考えた時、米国は世界の覇権国としての地位を維持するだろう。中国はIT先端分野など一部の分野で覇権を手に入れる可能性がある。しかし、中国が米国に変わる世界の覇権国としての地位を手に入れるとは考えづらい。なぜなら、中国の人民元には米ドルに比肩する信認がない。また、中国経済が成長の限界を迎えたことによって、中国共産党が人々の自由への渇望を抑え続けることも一段と難しくなるだろう。

その状況に対応するために、当面、中国は国内外で力による支配を強めようとするだろう。わが国は米国との同盟関係を強化して安全保障を固めなければならない。それは、朝鮮半島情勢のリスクに対応するためにも重要だ。中国に庇護された北朝鮮は、金一族の独裁体制を維持するために核を手放さないだろう。

わが国にとって米国との同盟関係は不可欠であり、それ以外に安全保障を確立するすべは見当たらない。重要なことは、同盟国との安全保障面での関係を強化することが、米国が世界の覇権国としての地位を維持するために欠かせないことだ。

やや気がかりなことは、トランプ政権が発足して以降、米国内に日米安保が米国の負担に頼った〝片務的〟な協定であるとの認識が出始めたことだ。わが国は日米の安全保障同盟が〝互恵的〟であり、米国を中心とした国際社会の安定に欠かせないとの価値観を米国と共有しなければならない。

覇権国・米国の地位を支える安全保障力

世界の安全保障を支える力は、覇権の源だ。第2次世界大戦後の国際秩序は、米国の強大な軍事力に支えられてきた。米国は、旧ソ連に対抗して自由資本主義陣営の体制を強化すべく、わが国や旧西ドイツに支援を行い、さらには軍を駐留させた。それによって、社会主義勢力の進出が抑制され、自由貿易体制が整備された。その上で米国は、自由資本主義の理念を各国と共有し、グローバル化を推進することで世界最強の政治、経済、軍事大国の地位を手に入れた。日米安全保障条約をはじめ、安全保障面における米国と同盟国の関係の維持と強化が米国の覇権国としての地位を支えた。それが揺らげば、国際秩序が不安定化してしまうだろう。

２０１３年以降、オバマ政権は米国内の利害調整に難航し、アジア地域における存在感が低下してしまった。その結果、米太平洋軍の南シナ海への艦船航行回数が減り、中国の進出を招いた。それは、世界の覇権国としての米国の地位が低下し始めたことを示す一つの変化だった。

米軍内部では、覇権の綻びの兆しというべき状況に危機感が高まった。２０１６年1月には、米太平洋軍のハリス司令官（当時）が、南シナ海における軍艦の航行を増やすと表明した。それは、世界の覇権国である米国が中国の海洋進出を結果的に容認してしまい、アジア地域の不安定感を高めたというオバマ政権への批判、あるいは警鐘と解釈できる。また、そうした軍部の考えの背景には、米国が同盟国の安全保障を支えているからこそ、自国を中心に経済のグローバル化が進み、米国が世界経済の運営にイニシアティブを発揮できるとの認識もあったはずだ。

言い換えれば、南シナ海での艦船航行を重視する米軍内の考えは、世界の安全保障を守ることが米国に実利をもたらすとの考えを反映したものといえる。それは、米国が〝世界の警察〟として同盟国の安全保障を支えることこそが、自国の繁栄と世界の安定を支えるとの価値観と言い換えてもよい。

その後、米国は他国の安全保障を支えることが不公平であり、片務的であるとの考えを強めるようになった。2019年6月トランプ米大統領は「日本が攻撃されれば米国が日本を守る。しかし、米国が攻撃された場合、日本は米国を助ける義務がない」と発言した。それは、同氏が日米安全保障条約を〝片務的〟な条約だと解釈していることを示している。トランプ政権は、韓国やドイツに対しても駐留米軍の費用を負担するよう求め、同盟国内には動揺が走った。

重要なことは、安全保障面での同盟関係は、誰が、どれだけの費用を負担するかという金銭的な基準だけで評価できないことだ。トランプ政権はその点を見落とした。米国は各国との安全保障面での同盟関係を礎に、人々の自由を重視して自由貿易体制を整備することによって中国やロシアの台頭を抑えてきた。また、米国との安全保障の強化は、各国がテロ組織の台頭を抑えることにも欠かせない。米国が安全保障を軸にして各国との関係を強化し、国際世論に対する主導的な役割を発揮してきたことは極めて重要だ。

日米の安全保障同盟は互恵的である

日米の安全保障条約は、片務的なものではなく、互恵的だ。米国は世界の安全保障を支える力があるからこそ、自らの規範や価値観に沿った国際社会と世界経済の運営が可能になる。それが、米国を中心に世界各国が効率的に生産要素の再配分を行うことを支える。

その点をわが国はしっかりと認識し、米国と共有しなければならない。

今後、わが国や韓国、台湾、フィリピン、欧州各国が米国との連携を強化し、それによって国家および地域の安全保障体制を強化することは一段と重要になる。中国は海軍力を中心とする軍事力を増強し、アジア地域への影響力を強めようとしている。ロシアは天然ガスなどの供給を通して欧州への影響力を強めようとしている。中東地域では、敵の敵は味方のロジックに基づいて、イランがロシアや中国との関係を重視している。中国やロシアの台頭を抑えるには、どうしても米国の力が必要だ。

長期的に考えると、中国は人々に自由を認め、多様な意見が国家の意思決定に反映されるという意味での〝普通の国〟を目指す可能性がある。その場合、中国が旧ソ連のように分裂し、混乱に陥る可能性は低いのではないか。なぜなら、新しい技術開発を軽視した旧ソ連と異なり、中国にはＩＴ先端分野での競争力があるからだ。言い換えれば、中国が世界の覇権国になることは難しいとみられる。中国は、IT先端分野など一部の分野で覇権を強化し、その成長力を活かすことで普通の国を目指し、人々を一つにまとめることは可能だろう。また、中国が普通の国を目指すことによって、軍部の不満の膨張や、北朝鮮の軍事挑発の発生など、世界の安全保障を揺るがすリスクが高まる展開は排除できない。そうした不確定要素に対応するために、米国を中心に同盟国が安全保障を固めることの重要性は増す。

言い換えれば、わが国や欧州各国は、世界の政治、経済、安全保障の基軸国家（覇権国）として米国がその役割を発揮できるよう、連携する必要がある。わが国は、安全保障面で米国との信頼関係を強化することが社会の安定と経済の成長に欠かせないことを米国に明確に伝え、双方にとっての実利を目指すことだ。

過去、わが国は米国の要請に応じ、譲歩や協力を行ってきた。日米の安全保障関係は、米国が一方的に負担を強いられる不公平なものだとは言えない。わが国は、在日米軍駐留経費負担などを通して米軍の駐留に必要な資金を出している。それが、極東地域における米国の覇権を支えている。反対に、在日米軍基地の維持が困難になれば米国の覇権国としての地位は失墜するだろう。

経済面でもわが国は米国に譲歩し、日米の安保関係を維持・強化することにコミットした。1970年代以降に本格化した日米の自動車摩擦に関して、わが国は米国への自動車輸出台数を制限する〝自主規制〟を導入し、米国世論に配慮した。

１９８５年のプラザ合意以降、わが国は米国の要求に従って、内需拡大に取り組んだ。１９８６年には〝日米半導体協定〟が締結され、米国の求めに応じて市場の開放を行った。言い換えれば、米国は覇権国としてわが国に市場開放や自主規制を求め、実利を得た。

ただし、米国の覇権国としての地位が低下し続けるのであれば、米国の世論が同盟国により大きな負担を求める可能性はある。その展開を念頭に、米国に安全保障条約の重要性と互恵性を丁寧に説明し、より強固な信頼関係を目指すべきだ。安全保障は、国と国の信頼関係を支える最も重要な要素だ。それがあるからこそ、多くの日本企業が米国に拠点を構え相互に経済成長を享受できる。

2 経済運営上重要性高まる中国

安全保障面において、わが国は米国との関係を切れない。その一方、経済面では中国の重要性が高まる。

２０１２年12月以降のわが国の景気回復を振り返ると、中国からの自動車、汎用機械、観光などへの需要は経済の成長に無視できない影響を与えた。わが国では、人口の減少と少子化、および高齢化が同時に進んでいる。さらに、新型コロナウイルスの発生によって、わが国のＩＴ化の遅れが深刻であることがはっきりした。今後、わが国が経済成長を実現するために、中国経済の重要性は一段と増す。米国との安全保障上の関係を維持しつつ中国の需要を取り込むために、わが国は民間レベルで中国との関係を強化しなければならない。そのために必要な方策を考えたい。

重要なことは、中国の人々にとって、わが国の〝モノ〟を手に入れることが憧れであることだ。それは、中国の新車販売市場においてトヨタ自動車の高級ブランドである〝レクサス〟がヒットしたことが示している。そうしたヒット商品を、わが国は次から次へと生み出さなければならない。

新型コロナウイルスの発生によって世界経済の変化のスピードは加速化している。それに対応するためには、わが国企業が有力な技術を持つ海外企業とのアライアンスを強化することが求められる。各国企業との提携などを強化し〝オープン・イノベーション〟を推進してわが国企業が新しい製品を生み出すことができれば、中国経済にとってのわが国の存在感を高めることが可能だろう。

〝メイドインジャパン〟のブランド力

近年、かつて海外に移した製造拠点をわが国に戻す企業が増えてきた。また、トヨタ自動車はレクサスブランドの車種を九州の工場で生産し、中国などに輸出している。その背景には複数の要因がある。まず、製品の品質（従業員の技能）とコストのバランスがある。すでに中国では生産年齢人口が減少しはじめ、労働コストが上昇している。世界の工場としての中国の地位は低下し始めている。そのほかの新興国でも所得が上昇している。その結果、中国などでの生産がわが国企業にとって必ずしも有利とは言いづらくなった。人件費と製品の品質の維持と向上などを考えると、海外よりも国内で生産したほうが効率的と考えられるケースも増えている。そのため、日用品、食品、化粧品、自動車、医薬品の原料など様々な分野で生産拠点の国内回帰が進んだ。新型コロナウイルスの発生によって、そうした動きは勢いづいている。

二つ目が、所得の向上によって新興国の消費者が〝Made in Japan〟のブランド価値や高い品質をより強く求めるようになった。言い換えれば、これまで労働コストの低さを理由に重要な生産拠点としての存在感を示してきた中国などが、わが国企業にとって有望な顧客に変わりつつある。

それら二つのポイントを考えるために、わが国の自動車に焦点を当てたい。新型コロナウイルスの発生によって世界経済は低迷した。その中、中国の新車販売市場では、レクサスをはじめトヨタ自動車の自動車への人気が急速に回復した。中国の経済が成長の限界を迎え、2020年1~3月期のGDP成長率がマイナス6・80％に落ち込んだものの、5月、6月と続けてトヨタ自動車の中国新車販売台数は過去最高を更新した。

それは、中国の消費者が、わが国企業が手掛けるモノを高く評価していることを示している。中国の自動車市場ではトヨタの車種は買い替え時の下取り価格が相対的に高いといわれる。そのため、中国の自動車メーカーの車種よりも人気がある。言い換えれば、〝メイドインチャイナ〟と、〝メイドインジャパン〟あるいは日本の企業の製品に対する消費者の評価にはかなりの差があるということだ。

今後、わが国の自動車メーカーは世界最大の自動車市場である中国でさらなる存在感を示す可能性がある。２０２０年６月、中国はそれまでガソリン車と同等に扱ってきたハイブリッドカー（ＨＶ）を新たに低燃費車に位置付け、優遇する方針を固めた。中国では政府主導で電気自動車（ＥＶ）の導入を目指した結果、急速に企業数が増え過剰生産能力が出現し、ＥＶの需要と見合わなくなってしまった。中国はＨＶの普及によって環境対策を推進するとともに、需要を喚起することで消費を拡大させたい。

ＨＶ分野ではトヨタをはじめわが国の競争力が高い。新型コロナウイルスの影響にもよるが、３〜５年程度の時間軸で考えると、世界の自動車業界では、〝ＣＡＳＥ（Connected（コネクティッド）、Autonomous（自動運転）、Shared／Service（シェアリングあるいはサービス）、Electric（電動化））〟への取り組みが進む。わが国の自動車メーカーや部品メーカーが他の業種との提携を強化し、ＣＡＳＥを念頭に置いた車づくりを強化できればわが国の経済には大きな追い風となるだろう。

さらに、今後10年程度の展開を考えると、自動車の所有形態が変わるだろう。自動車は動く住・ビジネスの空間として、都市計画・都市空間に組み込まれていくだろう。それによって、個人から法人による所有へ自動車の所有形態は変化する可能性がある。

わが国では高齢化が進行している。中国でも、一人っ子政策の影響から高齢化は大きな問題だ。つまり、わが国が自国の問題を解決すると同時に世界各国に受け入れられるＣＡＳＥ車の開発や、住空間としての自動車を開発できれば、それは中国からも必要とされる可能性が高い。そうした発想をどう実現していくかが重要だ。

重要性高まるオープン・イノベーション

そのための一つの方策として、わが国企業は〝オープン・イノベーション〟を促進すべきだ。競争力のある製品が生み出されても、それは中国などの企業に模倣されてしまう。言い換えれば、分解できるものは真似される。分解できないもの（高機能の微細な素材やアイディア）は真似できない。わが国が競争力を持つ高機能素材などの競争力強化が必要なことは言うまでもない。

１９９０年代初めまで、わが国の企業は完成品を自社で生み出すことにこだわった。その考えが強くなりすぎ、新興国企業の台頭に対応することが難しかった。その結果、世界経済の変化に乗り遅れ、携帯電話市場などが〝ガラパゴス化〟に陥った。ガラパゴス化とは、わが国の市場への適応を重視しすぎた結果、より大きな世界の変化に対応できなくなることを意味する。ある意味では、バブル崩壊までの〝成功体験〟が強くなりすぎ、わが国企業は過去の発想を手放せなかったともいえる。

その一方で、１９９０年代以降、世界経済で分業体制が進んだ。つまり各企業の得意分野を生かして一つの製品を生み出すことが目指された。そのよい例が米アップルだ。１９９７年に破綻の危機に陥った米アップルはスティーブ・ジョブズの指揮の下、iPod、iPhoneなどのヒット商品を生み出すことによって成長企業に返り咲いた。

それを支えた要素の一つがオープン・イノベーションだ。アップルは世界の企業から高機能の部材やパーツを調達し、台湾の鴻海（ホンハイ）精密工業傘下の中国企業であるフォックスコンの工場に生産を委託している。さらに、iPhoneで使われるアプリは、外部のクリエーターや企業が開発する。言い換えれば、アップルは人々を魅了するデザインや製品の評価を左右するソフトウェア開発、ブランディングに注力し、他の分野は外部の要素を活用し、高付加価値のヒット商品を生み出した。

リーマンショック後、徐々にではあるが、わが国の企業のなかにもオープン・イノベーションを重視する企業が登場している。トヨタ自動車はＨＶの特許技術を公開し、自社の規格を世界に浸透させようとしている。そのほか、日立製作所も人工知能のプラットフォームを開発して他企業との連携を強化している。それによって、企業は自社が強みを持つ分野に注力しやすくなるだけでなく、新しい発想を取り込み、変化に適応しやすくなる。

民間レベルでわが国の企業が海外企業とのアライアンスを強化し、その上で中国市場でのシェア拡大に取り組むことができれば、わが国は中国の需要をよりうまく取り込めるだろう。それだけではない、わが国の企業と他の国の企業が歩調を合わせて中国市場での存在感を高めることによって、中国政府が重視する技術の強制移転などのリスクにも対応しやすくなるはずだ。突き詰めていえば、わが国の企業は自社の戦略、技術へのファン、味方を増やさなければならない。

新型コロナウイルスの発生は、オープン・イノベーションの重要性を一段と高めた。米国では産学連携のもと自動車大手のフォードが3Dプリンターを用いてフェイスシールドを生産した。オープン・イノベーションは企業が変化に対応する力を高めるだけでなく、経済全体の危機対応力を引き上げることにもつながる。米国との安全保障条約によってわが国は国家の安全保障を固め、主要先進国や東南アジアの企業とのアライアンスを強化することによってオープン・イノベーションの発揮を目指すべきだ。中長期的に考えると、そうした取り組みが、わが国企業が中国市場での競争力を発揮し、需要を取り込むことを支えるだろう。重要なことは、わが国が海外の要素に依存せず自力で技術を開発し、それを基にオープン・イノベーションを進めることだ。

3 EUとの関係強化

わが国が民間レベルで中国との関係を強化するために、EUとの関係を強化することの重要性は高まる。英国のEU離脱（ブレグジット）がどう進むかという不確定要因はあるものの、独仏が復興基金の創設に向けて協力し始めた。それに加えて、EUがアジアとの関係強化を目指している。

逆に、EUが連携強化への取り組みを軽視してしまえば、イタリアを筆頭に自国主義への傾斜に拍車がかかり、ＥＵからの離脱や、状況によってはユーロからの離脱を目指す国が出る恐れがある。そうなるとＥＵが内外の連携を目指すことは一段と難しくなる。連携の強化こそが欧州安定には重要だ。そのためにＥＵは中国と距離をとり、わが国、さらにはアジア各国との連携強化へ方針を修正した。

米国の覇権国としての地位が揺らぎ始めた中、わが国がＥＵとの連携を強化することは、中国からの圧力に直面するアジア各国にとっても重要だ。インフラ開発や新型コロナウイルスへの対応をめぐって、アジア各国には中国への不信感が広がっている。新型コロナウイルスの発生によってわが国にはＥＵとの関係強化を通してアジアと欧州の連携を強化するチャンスが到来しているとの発想が必要だろう。

アジア重視姿勢を強めるＥＵ

近年、ＥＵはわが国との関係強化を重視している。その背景には、わが国がアジア地域における信頼できるパートナーだとの認識がある。新型コロナウイルスの発生によって、欧州の対日、対アジア重視姿勢は一段と強化されていくだろう。米国が世界のリーダーとしての役割を発揮しづらくなる中で、ＥＵはわが国を筆頭にアジア各国との関係を強化し、国際世論の利害調整を進めやすくしようとしている。わが国はＥＵとの関係を強化し、経済面を中心により互恵的な関係の実現に取り組むべき

欠かせない。それが、わが国をはじめ主要国が中国との民間レベルでの関係を強化し、需要を取り込むためにだ。

2018年10月に開催された〝アジア欧州会議（ASEM）〟の首脳会議（サミット）は、EUが中国と距離をとり始めたことを確認する重要な機会だった。それを象徴したのが、〝持続可能な連結性および質の高いインフラに関する日EUパートナーシップ〟（以下、日EUパートナーシップ）の締結だ。その中でEUとわが国は、中国への対応を念頭に〝連結性〟と〝持続可能性〟という二つのキーワードを重視した。

連結性とは、運輸、ITデジタルなど幅広い分野で共通のルールを策定し、より公平な（特定の国や企業への権力の集中を排除した）競争環境の整備を目指す考えだ。持続可能性とは、各国が債務返済能力を維持しながら、長期の視点でインフラ開発などを進めることを目指している。いずれも、中国の国家資本主義体制の重視姿勢や、共産党政権が世界に提唱するインフラ開発支援に欠落しているポイントだ。

わが国の外務省が発表した日EUパートナーシップの概要は、次のとおりである。わが国とEUは、デジタル、運輸、エネルギー、人的交流などを含むあらゆる次元にいて相互の連結性を実現するために、二国間および多国間での協力推進を目指す。さらに、日EUはパートナーの需要に十分に配慮し、双方の財政面の支出能力や債務の持続可能性に最大限に注意を払う。その上で、日EUは、西バルカン（クロアチアやボスニア・ヘルツェゴビナ、セルビアなど）、東欧、中央アジア、インド太平洋、アフリカ地域のパートナーとの連結性と質の高い（持続可能な）インフラ開発を目指す。

突き詰めていえば、日EUパートナーシップは、中国が進める〝一帯一路〟への包囲網の形成を目指している。もともとEUは東欧やバルカン半島の各国との連携を強化することによって単一市場の範囲を拡大し、より安定した経済圏の整備を目指した。しかし、リーマンショック後、ギリシャなどでの財政危機が深刻化した。その後、中東などからの移民・難民の流入によって欧州各国の政治連携が分断されたため、EUの東方拡大はとん挫した。EUはわが国との連携を強化することによってロシア、中国への政治・経済面からの包囲網を整備したい。その上で、日EUは中国が橋頭保を築いてきたバルカン半島やアフリカ地域においても日EUがイニシアティブをとってインフラ投資を支援し、国際社会の安定を目指そうとしている。

香港国家安全維持法で重要性高まる日EUの連携

新型コロナウイルスの発生によって、中国共産党の威信は大きく傷ついた。その状況に、習近平政権は焦りの色を隠せない。2020年6月30日、共産党政権は、力による社会の支配を徹底するために〝香港国家安全維持法〟を成立させ、香港への支配を強化した。香港国家安全維持法の条文の規定内容は曖昧であり、当局によって都合よく法律が解釈・運用される恐れがある。その一方で、法律に違反すれば厳しい罰則が科されることが明確にされている。香港国家安全維持法が成立した結果、中国が香港に認めてきた高度な自治（報道や表現の自由）は失墜し、さらには香港を訪れる外国人にも監視の目が向けられる可能性が高まった。第38条では海外での違法行為にもその法律が適用されることが記された。

香港国家安全維持法の成立によって、世界は中国共産党政権が支配を強化せざるを得ない状況に陥っていることを確認したといえる。つまり、中国共産党は一党独裁の体制を維持するために、人々の自由をより強硬に取り締まり、力づくでいうことを聞かせようとし始めた。中国が人々の不満を解消するためには、一帯一路沿線地域への進出を強化せざるを得ない。南シナ海での軍事拠点の設営などは勢いづく可能性がある。それは、中国が米国の対立先鋭化を厭わない姿勢を鮮明にしたこととといってよいだろう。

そうした展開が予想される中、本来であれば日米欧は連携して中国への懸念を表明しなければならない。その姿勢こそが、アジア各国とわが国などの関係を強化することにつながる。しかし、トランプ氏は、香港国家安全維持法の制定直後に、中国に対して明確にノーの姿勢を表明できなかった。同氏にとって香港問題よりも、大統領選挙のほうが重要なのだろう。トランプ氏は、中国が第1段階の通商合意の履行に取り組むことによって米国の農産物の輸出を拡大し、自らの支持につなげたい。米議会やトランプ政権の閣僚が中国への批判を強めたとしても、国家の最高意思決定権者である大統領が動かない限り、国際世論は米国の対中姿勢を不安視してしまう。

そうした状況下、米国がどのように中国のリスクに対応するかは一段と読みづらくなった。わが国は日ＥＵパートナーシップの内容に基づいて、ＥＵとルールの連結性と債務の持続可能性を重視し、多国間の経済連携に向けた議論を急ピッチで進めなければならない。その中で、疫病対策としてのワクチン開発や新薬開発に関するルールなどを共有することによって、日ＥＵは新しい感染症のリスクにもより柔軟に対応できるようになるだろう。さらには、日ＥＵは米国が離脱を表明したＷＨＯの改革への取り組みや、日ＥＵパートナーシップに基づいた新しい国際機関の設立によって国際社会における発言力の向上にも取り組むべきだ。

そうした日ＥＵの連携の強化は、中国の圧力に直面している東南アジア新興国の信頼確保に欠かせない。日ＥＵがアジア地域との連携を強化できれば、米国にその陣営に入るよう求めやすくもなるだろう。それが、わが国が民間レベルで中国と持続的な関係の構築を目指すために欠かせない。

4 深刻なＩＴ化への遅れ

わが国経済の今後の展開を考えたとき、ＩＴ化の遅れが深刻であることは大きな懸念材料だ。端的に、新型コロナウイルスの発生を境に、わが国はＩＴ後進国であることがはっきりしてしまった。わが国の政府には、ＩＴ技術をどう用いて人々の生活や経済の効率性を高めることができるか、基本的な方針が欠落している。それは、データ収集などに伴うプライバシー保護などを議論する以前の問題だ。

２０２０年4月17日、政府は新型コロナウイルスの感染拡大に対応するため、緊急事態宣言を全国に発令した。同時に、政府は国民一人に10万円を支給する〝特別定額給付金〟の実施を発表した。政府は、リーマンショック時の定額給付金に関する案内の送付に3か月の時間がかかったことを反省にして、今回はオンラインでの申請を導入し、スピーディーに給付を進めると表明した。しかし、市区町村の対応が十分ではなく、処理が混乱し、給付は大幅に遅れた。

今後の展開を考えた時、わが国には米国のGAFAMのように成長をけん引するＩＴ先端企業が見当たらない。その分、今後の日本経済の回復の足取りはかなり緩慢なものとなるだろう。その状況を悲観しても始まらない。政府や企業をはじめ、国全体が新しい発想を積極的に取り込んでＩＴ化の遅れに対応し、人々が安心して生活できる国づくりを目指すことの重要性が高まっている。

ＩＴ先端技術の重要性を軽視してきたわが国

リーマンショック後から２０１９年末まで、わが国は世界的な低金利環境と、米国の緩やかな景気回復などに支えられてきた。その中で、わが国はＩＴ先端分野の競争力強化が経済成長を支えるという重要な事実を軽視してしまったように見える。

米国や中国は、スマートフォン、スマートスピーカー、高性能の半導体、人工知能（ＡＩ）、クラウドコンピューティング、ＳＮＳなどＩＴ関連の機器やソフトウェア、サービスの創出に取り組んだ。それが、需要を生み出し、企業の生産性向上を支えた。わが国は、そうした海外の動きに支えられて来た。その一方で、一部の高機能の素材や部品を除いて、わが国は独自の発想を用いて米中のＩＴ先端企業と互角に勝負できる分野を育成できなかった。

見方を変えれば、わが国政府は世界的な情報通信技術の開発と実用化に背をそむけてしまった。その代償はあまりに大きい。政府がＩＴの力を理解していない状況下、わが国が先端分野の競争力向上を実現するための政策を立案し、運用することは難しい。それは、わが国の構造改革が進みづらい要因の一つといえる。

わが国は構造改革よりも、金融緩和を続けることによって景気の安定と維持を目指した。２０１５年半ばまでは、米国の緩やかな景気回復が緩やかなドル高を支えた。２０１２年11月の衆議院解散からそれまでの間、〝金融政策一本足打法〟というべき経済運営は相応の効果をもたらした。円安が企業の業績をかさ上げして、株高と政府主導による賃上げを支えた。

その後、わが国の金融政策は限界を迎えた。少子化、高齢化、人口減少が進むわが国にとって、財政出動の余地も限られている。２０１５年半ば以降、中国経済の減速も徐々に明らかとなった。その状況下、わが国は本気で構造改革を進めなければならなかったが、政府は一時的な痛みを恐れるあまり、改革に着手することが難しかった。

新型コロナウイルスの発生は、改革先送り姿勢の問題を一気にあぶりだした。それによって、わが国がＩＴ後進国であることがはっきりした。

良い例が、特別定額給付金のオンライン申請をめぐる混乱だ。オンライン申請はマイナンバーカードの利用を前提にしていた。ただ、その方法が煩雑であったため混乱を招いた。それに加えて、わが国の行政がデジタル化ではなく、紙を前提に運営されていた。10万円のオンライン申請システムは、住民基本台帳と接続されていなかった。その結果、各自治体はオンラインの申請内容をプリントアウトし、それを住民基本台帳の情報と照らし合わせ、申請内容に不備がないかを確認しなければならなくなった。

市区町村が人海戦術によって対応を試みたものの、新型コロナウイルスの感染リスクがある中で十分な人手を確保することは難しい。結果的に、6月中旬の時点で事務の煩雑さなどを理由に90の自治体がオンライン申請を停止した。それに加えて、情報漏洩が発覚したため雇用調整助成金のオンラインで申請システムも停止してしまった。

6月に運用が始まった〝接触確認アプリ（新型コロナウイルスに感染した人との濃厚接触が疑われる場合に通知するスマホアプリ）〟に関しても、配布直後に問題が発覚した。接触確認アプリでは、感染を自己申告する際、8桁の〝処理番号〟が必要だ。当初、接触確認アプリでは処理番号の発行を受けなくても、任意の8桁の数字を入力すれば感染者として登録できる仕組みになっていた。つまり、配布開始のタイミングでアプリは役に立たなかった。

経済成長のけん引役を欠く日本経済

政策の立案と運営をつかさどる当局が、デジタル技術の有用性を理解していないことはかなりまずい。それに加えて、わが国には、米中のIT大手企業に比肩する企業が見当たらない。それは、わが国が今後の経済のけん引役を確保できていないことを意味する。

IT技術の意義は、経済運営の効率性の向上にある。インターネットの登場によって、世界各地のデータや情報を瞬時に入手し、分析することができるようになった。それによって、企業や個人はより早い意思決定が可能となった。また、IT先端技術を用いて生産設備や事務作業の省人化、自動化も進んだ。

新型コロナウイルスの感染拡大を境に、世界はさらに大きく、かつ、急速に変化している。新しい感染症から人々の命とくらし、経済を守るためにIT先端技術の活用は欠かせない。例えば、飲食店では店内でのサービス提供からテイクアウトなどに運営を切り替える事業者が急速に増えた。テイクアウトやフードデリバリーのために、待ち時間を確認するアプリや、ウーバーイーツのようなフードデリバリーを利用するためのアプリも普及した。巣籠需要の増大によって、アマゾンなどECの活用も急増した。わが国では既得権益層の反対によって導入が見送られてきたオンライン診療も期間限定で解禁された。

重要なことは、未知のウイルスという脅威に直面した結果、それまでの常識が急速に覆されていることだ。わが国が短期間で米GAFAMや中国のBATHに比肩する企業を育成することは困難だ。わが国は、ソニーのCMOSセンサーや高品質のセラミックコンデンサやシリコンウェハーなど、付加価値の高い部品や素材分野での競争力を高め、GAFAMやBATHから必要とされ続けなければならない。

そうした取り組みを進めつつ、わが国は新しい価値観を社会全体で共有し、経済の安定を目指す必要がある。まず、政府は国内外の企業と連携して行政のデジタル化などを進めなければならない。それに加え、コロナショックを契機に、わが国における新しい生き方を社会全体で共有することも欠かせないだろう。

経済の実力は労働の投入量と、資本の投入量、および全要素生産性（労働と資本の投入量以外によってもたらされる成長、企業のイノベーションを指す）に基づく。人口が減少すれば、労働と資本の投入量は減る。その状況の中で、わが国が一定の豊かさを維持したいのであれば、IT先端技術の積極活用は避けられない。それによって、移動、消費、就業などの面で人々が安心して生活する環境を目指すことができるだろう。自動運転技術の実用化や、〝ドラえもん〟のようなロボットの創造は人々の日常生活を支えるだろう。時間はかかるが、そうした取り組みが人口減少に歯止めをかける可能性がある。

新型コロナウイルスの発生によってテレワークなどが当たり前になり、通勤という概念は崩れている。大手企業の中にはテレワーク前提の働き方を目指し、年功序列の発想も急速に通用しなくなりつつある。

それは、人々がより安心かつ満足できる生き方を見いだすチャンスとなるだろう。コロナショックを境に経済の運営は組織主導から個人中心へ変化する可能性がある。生活コストの高い首都圏で暮らすよりも、自然豊かな地方に移住し、ゆとりある環境の中で子育てなどを満喫しようとする人が増える可能性がある。それは、各地域の活性化に重要だ。そうした人々の価値観の変化を政府や自治体がＩＴや制度面からサポートできれば、わが国の社会と経済が安定を維持することはできるだろう。

世界をけん引するＩＴ先端企業が見当たらない分、各国に比べてわが国の景気回復には相応の時間がかかるだろう。だからと言って、将来を悲観する必要はない。高機能の部品、素材面での技術力をさらに高めることによって、わが国は世界各国から必要とされる存在を目指せばよい。その上で、これまでの反省を活かしてＩＴ先端技術の積極活用を進め、人々がより安心できる国づくりを目指すことが重要だ。

5 構造改革でピンチをチャンスに変えよ

２０２０年の年初以来、新型コロナウイルスによって国際社会は大きく変化し始めた。世界経済は低迷し、その中で今後の世界経済をけん引すると期待されるＩＴ先端分野を中心に米中の対立が先鋭化した。米国は中国のＩＴ覇権を阻止するためにファーウェイへの禁輸措置を強化した。半導体の量産体制が十分に備わっていない中国は、産業補助金などを強化することによって半導体の自給率向上に取り組んでいる。

ＩＴ先端分野での米中の覇権争いは一段と激化する可能性がある。それによって、わが国や韓国、台湾など安全保障面では米国との関係を重視し、経済面では中国経済との関係が重要な国にはかなりの影響があるはずだ。わが国では景気の停滞懸念も高まっており、どちらかというとコロナショックによってピンチが到来したとの見方が多いだろう。

重要なことは、ピンチをチャンスに変える発想を持つことだ。コロナショックによってＩＴ化の遅れといった問題がはっきりした一方、わが国にとって技術力が重要であることも明確になった。わが国は米国からも、中国からも必要とされる技術を生み出し、技術先進国としての地位を目指せばよい。そのためには、政治の力が重要だ。政府が規制緩和などを進めて構造改革を実行し、先端分野にヒト・モノ・カネが再配分される環境を整備する必要がある。

わが国は技術先進国を目指さなければならない

米中の対立が先鋭化する中で、米国は中国への半導体供給網を絶とうとしてきた。なぜなら、中国の半導体量産能力は発展途上にあるからだ。米国は生産技術の未熟さという中国の弱い部分をたたくことでIT先端分野における中国の覇権強化を抑えたい。

米中の対立が先鋭化する中でわが国が〝漁夫の利〟を得るためには、最先端の技術強国を目指す必要がある。つまり、米国にも、中国にも、他の国にもまねできないモノを生み出す力をわが国はつけなければならない。ソニーのトランジスタラジオやウォークマン、トヨタのハイブリッド自動車などが世界を驚かせたことを考えると、わが国が世界に冠たる技術先進国の地位を確立することは可能と考える。

半導体の設計や開発面において、中国の競争力は高い。例えば2012年、ファーウェイ傘下の半導体企業であるハイシリコンは〝K3V2〟というスマートフォン向けのプロセッサを発表した。その通信速度は、米クアルコムが開発していた当時の最先端のチップを上回った。その後、クアルコムが高性能のチップを開発するとハイシリコンがさらに高性能のチップを開発し、ソフトウェア分野での米中開発競争が激化した。ファーウェイはハイシリコンが開発したチップの生産を、台湾のTSMCや韓国のサムスン電子などに委託し、それを自社のスマートフォンなどに搭載した。

重要なことは、中国が高性能の半導体生産を海外に依存したことだ。ＩＣチップの性能向上には、回路の線幅をより狭くし、より多くのトランジスタを載せることが求められる。台湾のＴＳＭＣは回路の線幅が5ナノ（10億分の1）メートルの量産が可能だ。韓国のサムスン電子もその体制を整えている。さらに、台湾と韓国は3ナノ線幅の半導体生産に向けてしのぎを削っている。その一方、中国の微細な半導体の量産能力は14ナノメートルまでとみられる。中国のＩＴ覇権奪取の中核企業であるファーウェイは、ハイシリコンの設計した半導体の普及のために台・韓の生産技術に依存しつつ、半導体の自給率向上に努めている。

米国はファーウェイの半導体供給網を分断するために、まずは台湾のＴＳＭＣを自陣営に引き入れた。中長期的にサムスン電子がファーウェイからの需要を取り込み続けることができるか否かは見通しづらい。特に、韓国の半導体生産技術がわが国の技術や人材に依存してきたことを考えると、韓国は中国から追い上げられる立場に落伍する恐れがある。

このように考えると、わが国が他の追随を許さない、確固とした先端の技術力を自力で開発し、米中双方から必要とされる存在になることの重要性がわかるだろう。先端の技術力こそが、わが国の競争力、持続的な成長を左右する。わが国には半導体の原材料をはじめとする高度な技術力がある。セラミックコンデンサーやシリコンウェハーといった材料はその典型だ。わが国の半導体装置産業も世界的な競争力を発揮してきた。原材料や高度な装置など、台湾や韓国から必要とされるモノを他の国に先駆けて開発し続ける体制を確立し、強化することがわが国の国力増大に直結する。

わが国は安全保障を米国に依存している。そのため、対中包囲網を強化しようとする米国の意向に、わが国が真っ向から反対することはできない。

しかし、わが国が自力で、独自の要素を用いて発明したモノを、わが国の考えに基づいて責任をもって中国に輸出するのであれば、米国から相応の納得を得ることはできるだろう。わが国が独自の要素を用いて先端の技術を開発することが、民間レベルと中国をはじめ世界各国との経済関係を強化するために欠かせないのだ。世界中から日本製の部材や装置などがなければモノが作れないとリスペクトされることが重要だ。

技術開発や人材育成に構造改革は不可欠

そのためには、政府が構造改革を徹底して進めるしかない。ある意味、新型コロナウイルスによって、わが国には構造改革を大胆に進めるチャンスが到来している。まず、働き方が大きく変わっている。新型コロナウイルスの感染が落ち着いた後もテレワークを重視する企業は増えるだろう。それは、組織の力よりも、個人の力が発揮されやすい環境の整備し、年功序列や終身雇用といった旧来の価値観に縛られてきた社会、組織、人々の発想を大きく転換するチャンスだ。政府は労働市場に関する規制を緩和するなどし、個人が自由闊達に、思い切りチャレンジできるような環境を整備すればよい。

個の力が発揮されるためには、教育が重要だ。オンライン授業の普及によって、通学の時間を節約し、より濃い教育体験を享受することができるだろう。筆者自身オンライン授業をしていると、学生一人一人の表情が従来よりも鮮明に感じることができるようになった。

さらには、わが国の教育機関が海外の教育機関と提携し、経済、金融、ファイナンス、法務などの面で人材の育成やリカレント教育を強化することもできる。工学分野での実験をオンライン空間で行うことは難しいとみられるものの、最先端の科学技術に関する講義を行うことで若者に夢を与えることもできる。それは社会と経済のダイナミズムを高めるために重要だ。

また、オンライン授業であれば学ぶ場所を問わない。地方にわが国を代表する有力な研究機関が登場し、科目ごとに、その業界のプロの講義を受けられる環境が整備されればかなり面白い展開があるだろう。地方大学が実務に直結する教育を実施し始めれば、地方から有力な発想や技術が生み出される可能性は高まる。わが国の地方に集積している産業の強みを高めるために、各地の大学と企業が密に連携して研究・開発を積極的に進めればよい。それは、中小企業の事業継承などにも資するだろう。その中で、教育機関同士の競争原理が働きやすい環境を整備することによって、教育水準を持続的に引き上げることも目指されるべきだ。

そのほか、新型コロナウイルスの感染率などに関して、感染症の専門家らの間では日本の患者数が米欧よりも少ないことに関心が集まった。その一因として、わが国が初等教育の段階から手洗いなどを徹底してきたことや、街にごみを捨てないといった価値観を重視してきたことは軽視できないだろう。新型コロナウイルスの感染が拡大する中、海外に比べわが国では街中にマスクがポイ捨てされ回収に費用がかかる光景は見られなかったように思う。

どのように、そうした文化（人々の生き方）がはぐくまれたかを海外に発信することは、公衆衛生面から各国との関係を強化するために有益だろう。コロナショックを境にデジタル化が急速に進行していることは、わが国が自国の魅力、強さを世界に発信して親日国を増やすチャンスだ。

一見すると空想のように思われる内容かもしれない。重要なことは、夢を追い求めるために柔軟にイメージを膨らませ、それを実現するために政府が新しい制度の創設や旧来の規制を緩和して構造改革を進め、民間の新しい取り組みを引き出すことだ。

わが国にはGAFAMなどに匹敵する大手ITプラットフォーマーは見当たらない。しかし、わが国には技術力がある。それがわが国の社会・経済の活力を高める源泉だ。デジタル技術を徹底的に活用し、人々が新しい取り組みを進めやすい環境を政府が整えることができれば、持続的に新しい技術を生み出すことは可能だろう。それが、わが国が世界から必要とされる存在になることを支える。

わが国の景気を支えてきた金融政策は限界を迎えている。財政政策に関しても、少子高齢化が進む中で次世代に負担を先送りすることは止めなければならない。政府は国内の多様な利害を一つにまとめて、大胆に構造改革を進めるべき時を迎えている。

まとめ

まとめ

リーマンショック後、世界の覇権国＝リーダーの役割を果たしてきた米国の力は弱まった。その背景には、オバマ政権が中国の台頭を問題視しなかったことがある。

その一方で世界の政治・経済・安全保障に関する中国の影響力が高まってきた。中国共産党政権は、補助金政策の強化など党の指揮の下で経済成長を実現し、国内外の求心力を獲得したい。

歴史を紐解くと、ある国が世界の覇権を手に入れるためには自由を尊重した政治やその国の通貨が基軸通貨としての信認を獲得することが欠かせない。中国がＩＴ先端分野など、一部の分野で世界的な力を発揮する可能性はある。しかし、人民元には、米ドルに比肩する信認がない。また、中国共産党は、人々の自由への渇望を力づくで抑えるだけでなく、東南アジア新興国に対しても海軍力などで服従を求めている。早晩、中国が米国に代わる覇権国になることは想定しづらい。

当面、米国は中国の覇権強化を阻止するために、様々な分野で対中圧力を強めるだろう。その一例として、米国は５Ｇ通信分野における中国の台頭を阻止しようとしている。中国の通信機器大手ファーウェイ傘下の半導体企業であるハイシリコンの設計・開発力は世界的に高い。問題は、ハイシリコンが最先端の半導体を生産する力を持っていないことだ。中国全体で見ても、半導体製造装置などの調達は米国に依存しており、半導体の自給率向上には時間がかかる。

米国は台湾の半導体受託製造大手TSMCを自陣に引き入れ、中国の半導体調達網を断ちたい。その結果、英仏をはじめとする欧州各国やカナダ、オーストラリアなどがセキュリティー面の不安を理由に、5G通信網の整備からファーウェイ製の危機を段階的に排除することを決めた。米国と中国は国際世論の主導権を握るためにアジア、アフリカ地域の新興国などを自陣に引き入れようとし、対立は熱を帯びる可能性がある。

その一方で、米国には世界の安全保障を支えるゆとりがなくなりはじめている。トランプ政権は韓国などに駐留米軍の費用をより多く負担するよう求めている。それが示唆することは、わが国が米国を重視したスタンスを見直すべき時を迎えていることだ。安全保障を米国に依存するわが国として、米国の要求を真正面から否定することは難しい。わが国は国際世論を味方につけて自国の主張に関する米国の理解・支持を得やすい状況を目指す必要がある。

重要なことは、わが国が国内の独自の要素を用いて先端の技術を開発し、〝技術先進国〟として米中双方からのリスペクトを得ることだ。それは、わが国がEUや東南アジア新興国などから支持を獲得し、国際社会での発言力を高めるために欠かせない。そうした考えを国全体で実行していくことによって、わが国はコロナショックや米中対立といった世界経済の変化に対応し、〝漁夫の利〟を手に入れることができるだろう。

著者 真壁 昭夫（まかべ・あきお）

1953年神奈川県生まれ。法政大学大学院政策創造研究科教授・多摩大学大学院客員教授・旭化成社外監査役。1976年一橋大学商学部卒業、1983年7月ロンドン大学経営学部大学院（修士）卒業。第一勧業銀行、信州大学経済学部大学院講師、内閣府経済動向分析チームメンバー、慶応大学理工学部講師、みずほ総合研究所調査本部主席研究員、立教大学経済学部会計ファイナンス学科講師、日本商工会議所政策委員会・学識委員、東証アカデミーフェロー、信州大学経済学部教授、FP協会評議委員、行動経済学会理事などを経て、現職。
主要著書に『仮想通貨で銀行が消える日』『逆オイルショック』（祥伝社）、『VW不正と中国・ドイツ経済同盟』『日の丸家電の命運』（小学館）、『未知のリスクにさらされる世界の経済』（共著、日本経済新聞出版）、『よくわかる金融政策の見方・読み方』『よくわかる景気の見方・株価の読み方』『よくわかる為替相場の見方・読み方』（近代セールス社）、『2013年メイドインジャパンの大逆襲』（光文社）、『日本がギリシャになる日』（ビジネス社）、『行動経済学入門』（ダイヤモンド社）、『実戦！ 行動ファイナンス入門』（アスキー新書）、『下流にならない生き方』（講談社＋α新書）、『最強のファイナンス理論－心理学が解くマーケットの謎』『ゼロからわかる個人投資』『はじめての金融工学』（講談社現代新書）、『ファイナンス理論の新展開』（共著、日本評論社）、『行動ファイナンスの実践』（監訳、ダイヤモンド社）、『国債と金利をめぐる300年史－英国・米国・日本の国債管理政策』（東洋経済新報社）、『日本テクニカル分析大全』（共著、日本経済新聞出版）、『自分の年金は自分で作る』（共著、実業之日本社）、『投資判断の極意』『これからの年金・退職金がわかる本』『図解金融のすべて』（PHP）、『リスクマネー・チェンジ』（共著、東洋経済新報社）、『行動ファイナンス』（監訳、ダイヤモンド社）、『資本コストの理論と実務』（共訳、東洋経済新報社）など多数。

『中国vs米国』で漁夫の利を得るのは誰だ？

2020年11月16日　初版第1刷発行

著者　真壁昭夫
発行者　中野進介

発行所　株式会社ビジネス教育出版社

〒102-0074　東京都千代田区九段南4-7-13
TEL 03(3221)5361(代表)／FAX 03(3222)7878
E-mail ▶ info@bks.co.jp URL ▶ https://www.bks.co.jp

印刷・製本／モリモト印刷株式会社
ブックカバーデザイン／飯田理湖　本文デザイン・DTP／有留　寛
落丁・乱丁はお取替えします。

ISBN 978-4-8283-0859-3